ゲゲゲの女房

人生は……終わりよければ、すべてよし!!

武良布枝

実業之日本社

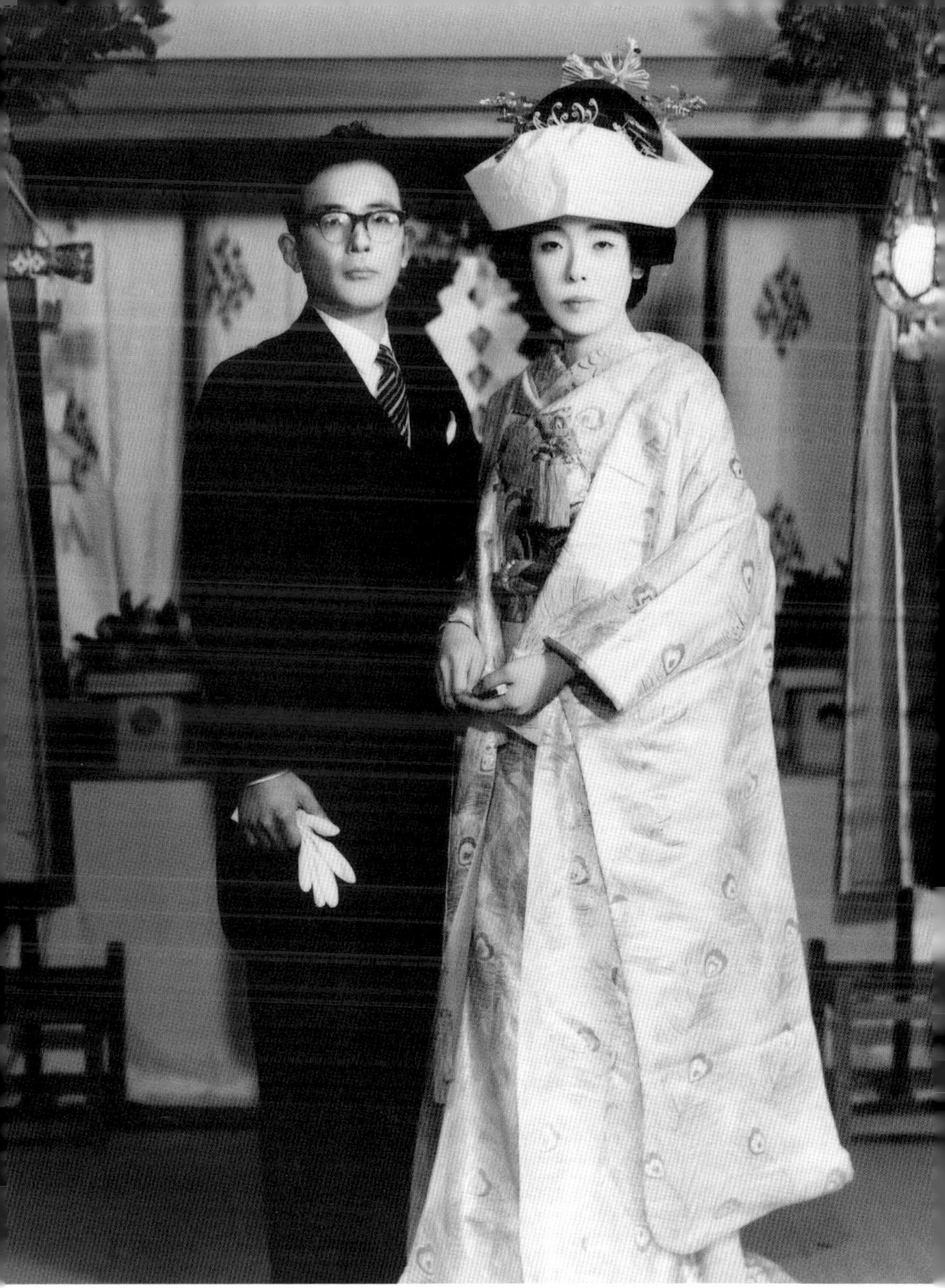

昭和36（1961）年1月30日、著者は貸本マンガ家の武良茂（筆名：水木しげる）と結婚。見合いをしてから5日後という超スピード婚だった。ふたりは挙式後すぐに上京、調布市で極貧の新婚生活をはじめる。茂39歳、布枝29歳。

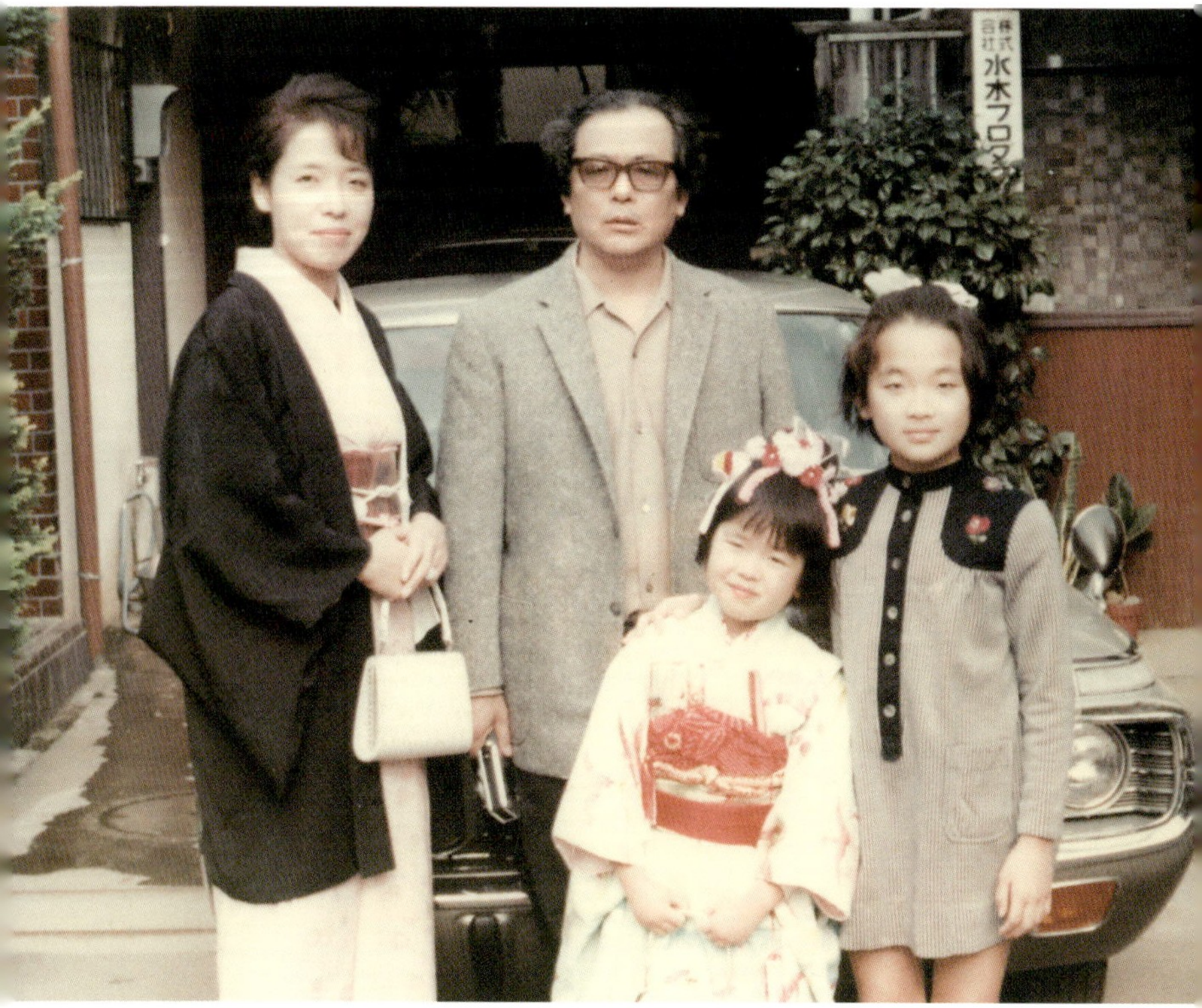

昭和49（1974）年の水木しげる一家。自宅（水木プロ）前での七五三の記念スナップ。『ゲゲゲの鬼太郎』のテレビアニメ化以来、茂は生涯で最も多忙な時期を送っていた。茂52歳、布枝は42歳。手前右は長女・尚子（11歳）、同左は次女・悦子（7歳）。

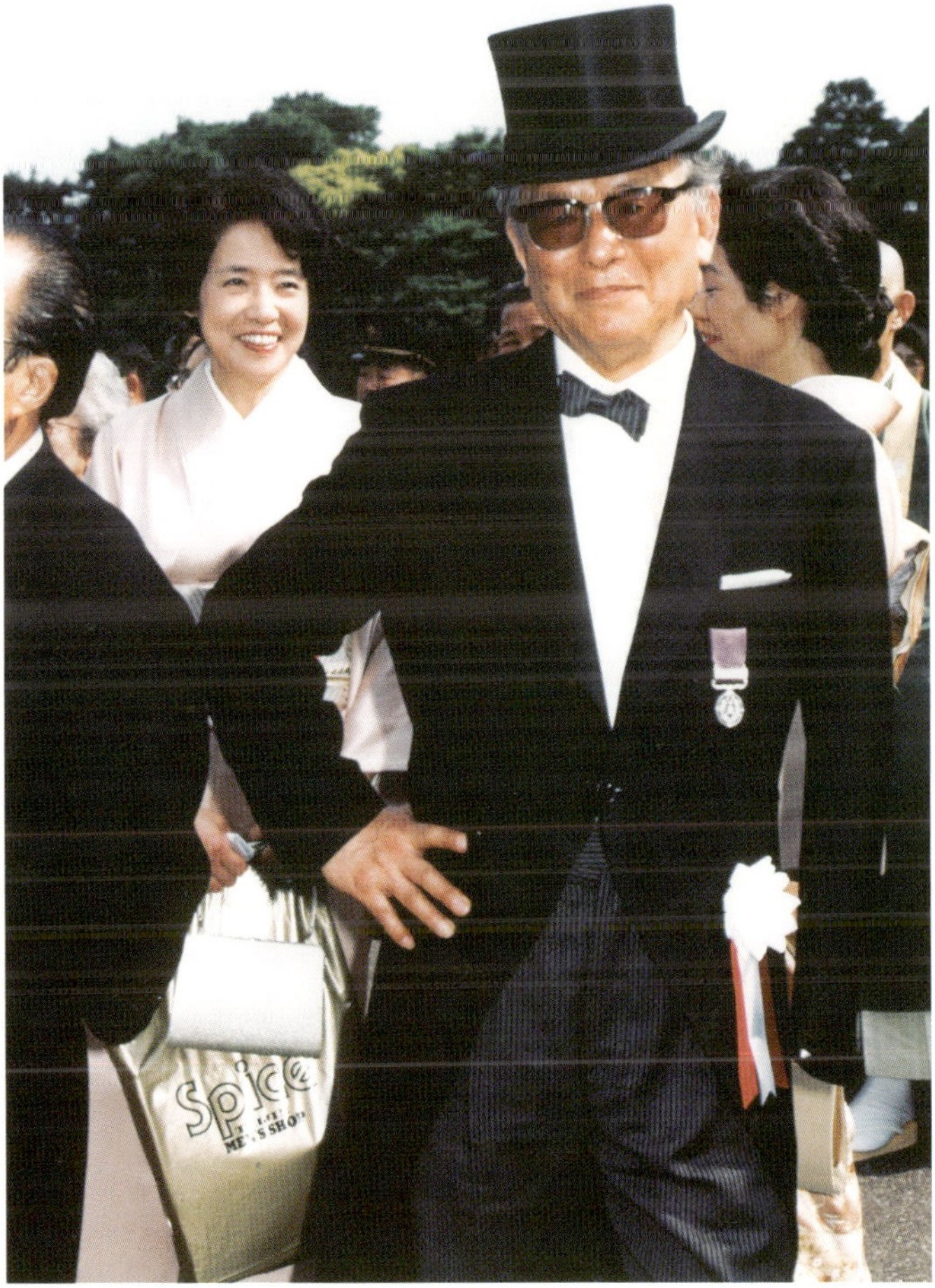

平成3（1991）年の紫綬褒章授章式にて。茂は敬愛する南方熊楠の昭和天皇への進講時のスタイルにあやかり、燕尾服にシルクハットで出席。左後ろが著者。茂69歳、布枝は59歳。

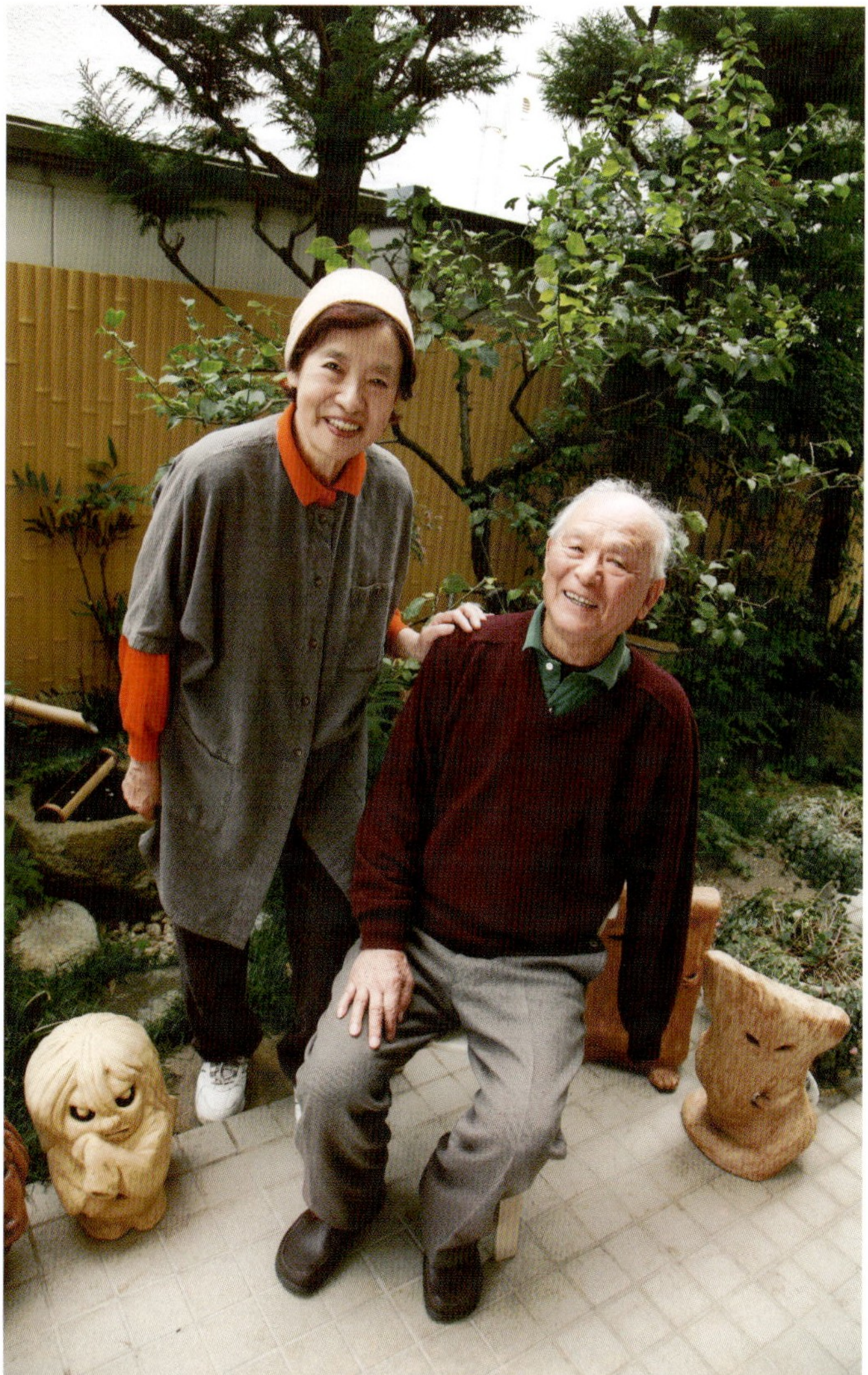

平成19(2007)年11月、自宅の庭にて。茂85歳、布枝75歳。
(撮影:野口さとこ)

ゲゲゲの女房

目次

カバー・本文挿画◎水木しげる
装丁・本文デザイン◎おおうちおさむ
（ナノナノグラフィックス）
帯写真提供◎野口さとこ
編集協力◎五十嵐佳子
協力◎水木プロダクション
安来市観光協会
鳥取県境港市
東京都調布市
足立美術館

一章

静かな安来の暮らし

心の中の故郷

いまでも目を閉じると瞼にはっきりと浮かんできます。湖と山々に囲まれた故郷の美しい風景が。人々が肩を寄せ合うように暮らす小さく穏やかな町並みが。耳には、活気あふれる人々の笑い声や三味線の音が。そして哀愁を帯びた「安来節」の調べが……。

そうです。私の故郷は島根県安来市。中海という大きな汽水湖と、山々に囲まれた、落ち着いた地方の小都市です。神話時代からの長い歴史と伝統に彩られた地で、小さいながらも高い文化を誇るこの町に生まれたことを、私は誇りとしてきました。

安来といえば、年配の方なら「どじょうすくい」の安来節をまず連想されるでしょう。近年では、横山大観の大コレクションと見事な日本庭園で世界的に知られる「足立美術館」のある町だといったほうがわかりやすいかもしれません。中海は、西には大橋川を通じて水の都・松江を擁する宍道湖へとつながり、東へは境水道を通じて美保湾、そして日本海へとつながっています。同じ中海湖岸の安来の東隣りは、鳥取県を代表する商都・米子です。そういう地理的

山陰中央部（宍道湖・中海水系流域）

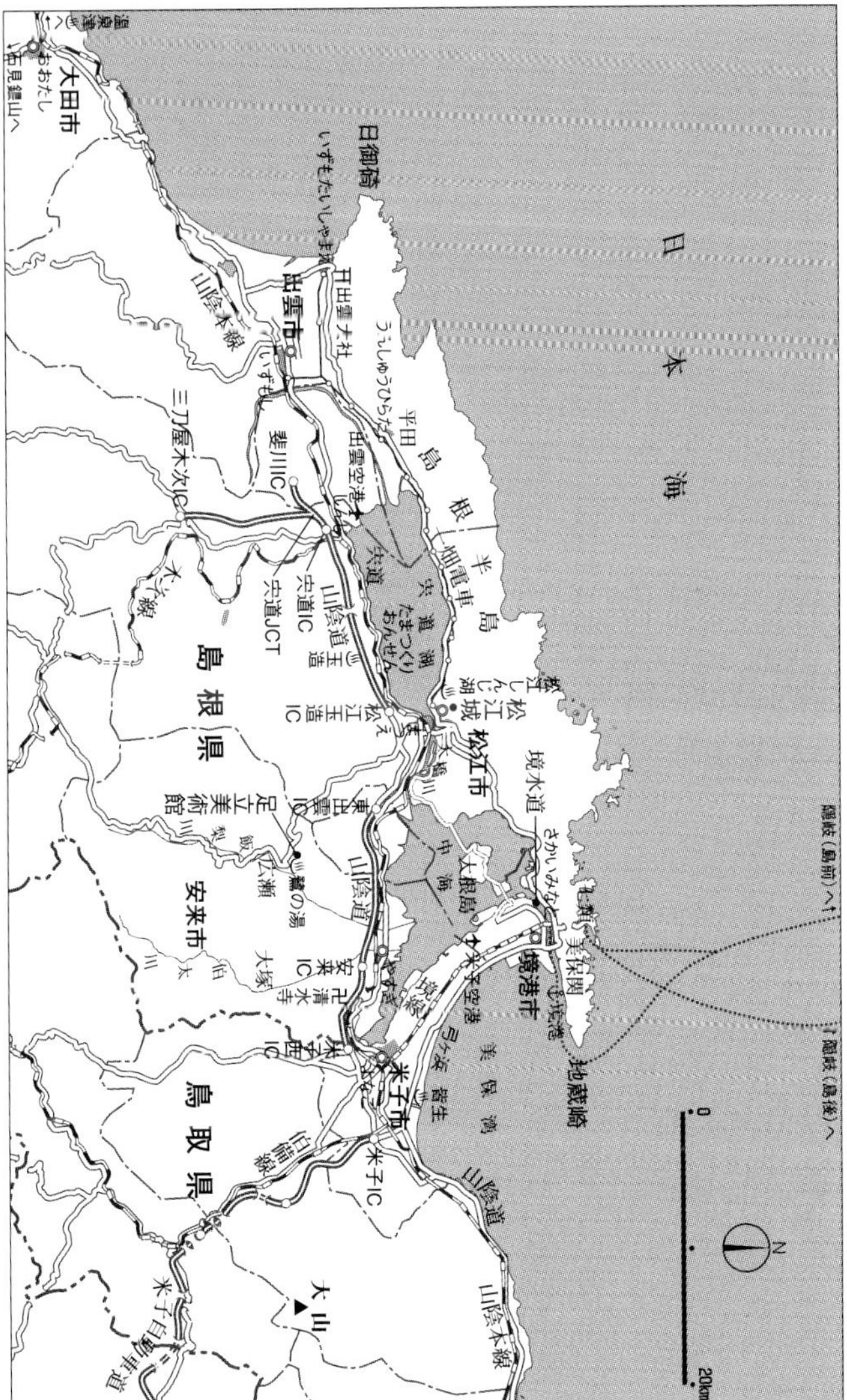

安来市（島根県）と境港市（鳥取県）は中海を挟んで対岸に位置する。

条件から、安来は中海の港町として古代から奥出雲の水陸の交通の要衝として栄えました。戦国時代には、強大な尼子氏の居城・月山富田城が築かれ、まさに山陰の中心でした。

晴れた日には、中海の湖面に十神山の緑の山影が映り、その向こう、明るいさざ波の彼方に、鳥取県の境港市がくっきりと見えます。水木しげるの故郷である境港です。

陸路だと、安来から境港までは、米子を経由、迂回していかなくてはなりませんが、水路ならば、中海をはさんで目と鼻の先。明治時代の安来の米問屋さんは、境港の市場で決まる米の相場を手旗信号で伝えてもらったという逸話が残っているほど、安来と境港は、古くから、人もものも行き来をくり返してきました。そこでは数限りない人間ドラマが生まれたはずです。水木と私の出会いは、そうしたドラマのひとつだったのだと、いまでは思います。

生地大塚の小宇宙

私は、安来の港から一里半、いまの単位でいうと六キロほど山側に入った大塚という町で、昭和七（一九三二）年の一月に、生まれました。

ほんとに小さな町です。

歩いてめぐっても三〇分ほどのところに、約一五〇〇戸の家々が、まるで箱庭の中につくられ

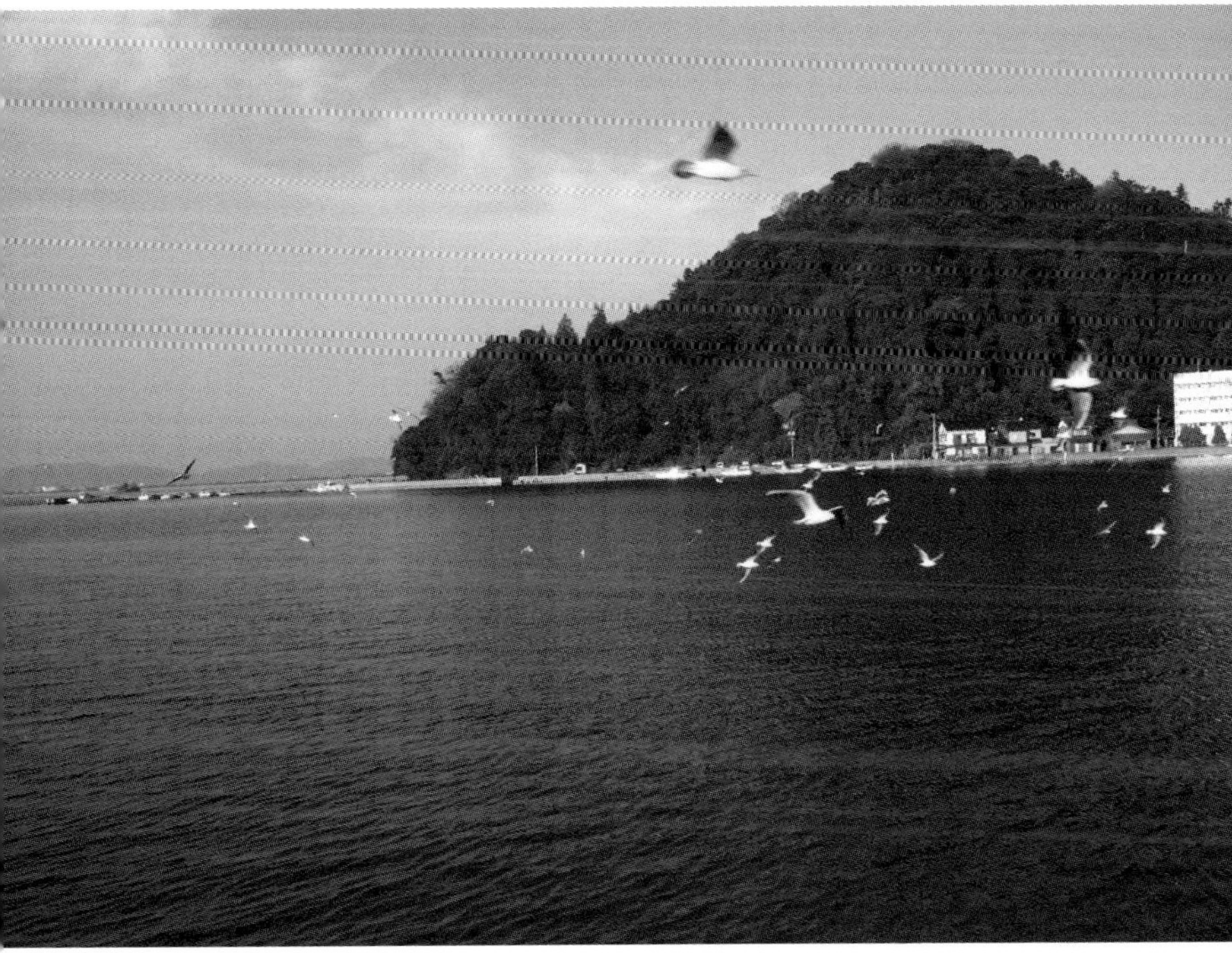

安来港から中海に浮かぶ十神山を望む。湖面の彼方は境港だ。
（写真提供：安来市観光協会）

た町のように、ギュッとかたまっていたのです。町のまわりは一面の田んぼ。その田んぼの後ろには、奥出雲の山々がいくつも重なっていて、春には新緑、夏には万緑、秋には紅葉、冬には雪で真っ白な美しい姿を見せてくれます。そして遥か東側には伯耆富士と呼ばれる名峰・大山の美しい姿を望むことができます。ことに安来から見える大山の景観は、まさに本家富士山にそっくりで、地元では「出雲富士」と呼ばれ、いわばお国自慢となっています。また、当時は樹齢三〇〇年といわれる松の巨木が、町の中心の太神宮様の境内に一〇本ばかりそそり立っていて、大塚のシンボルのように、遠くからもよく見えたものです。幼いころの思い出が一杯つまった場所でしたが、残念ながら昭和四〇（一九六五）年ごろに松喰虫の被害で枯れてしまいました。

大塚の町には、生活に必要なものがすべてそろっていました。魚屋さんは三軒もありましたし、豆腐屋さんも二軒、八百屋さん、呉服屋さん、雑貨屋さん、パーマ屋さん、床屋さん、お医者さん、歯医者さん、仕出し屋さん、和菓子屋さん、旅館、銀行に芝居小屋までありました。当時の大塚は、母里藩の玄関口として栄えた面影をそのまま残した町だったのです。

わが家は、大塚の町の真ん中にありました。右隣は呉服屋さん、左隣は足袋屋さん、通りを隔てた向かいにはお医者さんと、魚屋さんがありました。そこが町の中心を貫く大通りで、近在から来た人たちや荷物を積んで安来の港のほうから来る馬車、通りを駆けていく子どもたちなどで、いつもにぎわっていました。

時折、三味線の音や義太夫節の声も、町に響いていました。いまはその伝統は消えてしまいましたが、大塚には、「大塚浄瑠璃」と呼ばれる義太夫三味線と語りに乗せて演じられる人形芝居が古くから伝わっていて、その稽古の音色が町をいっそう、にぎやかにしてくれていたのです。

大塚には、慎ましくも幸福に人間が暮らしていくために必要なすべてがありました。誰もが顔見知りという典型的な地方の町に暮らしていて、外の世界はまったくといっていいほど知りませんでした。二九歳で上京するまで、安来の大塚は私の「世界」のすべてでした。

大所帯ならではの珍事

私の家は、以前、煙草を製造したり、呉服屋を営んだりしていたのですが、父が「女相手の商売はあわん」という理由で、呉服の仕入れをやめてしまったために、私が生まれたころは、蔵に残った反物を細々と売ったり、テニス用のガット作りの人を集める元締めのようなことをしたりして生計をたてていました。

また、父は村の議員もつとめていました。小作人から推されて議員になったといいますから、面倒見のよい人だったのでしょう。そんなこんなで、家にはしょっちゅう、人が出たり入ったりしていました。

あのころはどこの家でもそうだったのでしょうが、多分にもれずわが家も大家族。若いときに祖父を失ってから女丈夫としてずっと家を切り盛りしてきた祖母、父、母、そして子どもが私を含めて六人、総勢九人という大所帯でした。子どもは、一番上の姉、二番目の姉、兄、私、弟、妹という順番。実は、もうひとり、兄がいたのですが、赤ん坊のときに亡くなりました。

あれは小学校二年生のときだったでしょうか。安来の港の近くに嫁いだ叔母に会いたくなって、夏休みの早朝、お向かいの魚屋さんが仕入れのために安来の魚市場まで行く自転車のあとを追って、私は安来の魚市場まで行ったことがあるんです。約六キロの道を、自転車を見失うまいとして、走っていきました。

歩いて一時間半近くかかる距離をずっと走っていったわけですから、いま考えると、信じられないような気持ちになるのですが、自転車を見失うことなく、ちゃんと港までたどり着き、中海を眺め、目の前の十神山も仰ぎながら、叔母の家の前まで行きました。そして、その家で叔母が割烹着を着て掃除している姿を見ると、声をかけることもせず、また歩いて大塚の家まで帰ってきたのです。

ざっと三時間か四時間はかかったんじゃないかと思います。黙って家を出てきたわけですから、どんなに家族が心配しているだろうと、ハラハラしながら戻ったのに、家の玄関を入って、私は拍子抜けしてしまいました。だあれも、私がいなくなったことを知らなかったんですから。これは、現在のような核家族では考えられない、大所帯ゆえの珍事といえるのかもしれません。「どこへ行っていたの」と問い詰めるわけでもなく、母が「さぁ、ごはんをおあがり」と飯台の蝿帳をはずして、朝ごはんを私の前においてくれました。のんびりしていた時代でした。

とんと昔、あったげな

子ども時代に境港で、家に出入りしていた「のんのんばあ」と呼ばれるおばあさんからいろんな話を聞いて育ったことが、水木の妖怪世界のルーツだということはよく知られていますが、私もそれに似たような話を、祖母からよく聞きました。

夜、寝る前、子どもがずらりと布団にくるまっていると、祖母もその傍らにごろりと横になって、歌うような口調で話してくれるのです。

出だしは、のんのんばあと同じ「とんと、昔、あったげな」でした。古寺に住んで旅人を食べてしまう大蜘蛛や大蛇を退治する話、人の死骸をバリバリ食べる娘の話、淵に住んでいる大蟹の話、婿入りする男を試すために妖怪もどきの行動をしてみせる娘の話、狐や狸が人を化かす話など、怖い話がほとんどでした。

いまとちがい、町中といっても、夜は漆黒の闇。祖母は抑揚をつけ、間もちゃんととり、情感をこめて話してくれるものですから、知らない世界が自分の隣に口をぽっかりとあけて広がっていて、うっかりするとその世界にのみ込まれてしまうような気がして、胸がドキドキしました。でも、水木と同じように、私も怖い話が大好きだったんです。

また安来は出雲の地ですから、神話の里でもありました。祖母は民話だけでなく、スサノヲノミコトのヤマタノオロチ退治や因幡の白兎などの話を語ってくれることもありました。

安来地方ならではの習慣も、祖母はお話のかたちで教えてくれました。たとえば安来では、他の地方が神無月である旧暦の一〇月は、神様が大勢いらっしゃるありがたい神在月。でもだからこそ、やってはいけないことがたくさんあるんです。とくに、歌舞音曲や喧騒は、神様に対して失礼だから、絶対にだめだということでした。

「神様を怒らせてはいけん。ここにおられる間、機嫌よう、すごしてもらわなくてはいけないとな。だからおまえたちも、神在月は、歌を歌ってはいけん。騒いでもいけん。ケンカもいけん。それからなぁ、神在祭の最後の日・カラサデさんには、夜、外に出たら神様にひっぱられてしまうから、家でじっとしちょらんといけん。便所にも行ったらいけん。その日は、便所は早めにすましておきんさい」

カラサデさんは、神等去出さんと書くことを知ったのは、ずっと後になってのことでした。

祖母は、怖がらせるだけでなく、カラサデさんからお尻をなでられた人の話もまるで見てきたように語ってくれました。

祖母の十八番は、竹やぶで上手にへをふって（屁をして）褒美をもらったへふり爺さんの話でした。

〈とんと昔、あったげな。あるところに金持ちのとっつあんがいたそうな。その屋敷の後ろに大きな竹林があって、見事な竹が育っていたと。ある日、その竹をスポン、スポンと、切っている音がした。とっつあんは「誰かいな。竹切りが来ちょうわな」といって、断りもなく竹を切っているやつを懲らしめてやれと、思ったと。

「だい（誰れ）だ！　うちの竹切る奴は？」　とっつあんがそういうと、声がした。

「へい、へい。いつもいつもの、へふり（しょうもない）爺いでござんす」

「そうか、へふり爺いか、そんならここへ来て、へふってみい」

するとじいさんが出てきて着物をたくしからげて、尻を叩きながら、

「粟ブンブン米ブンブン、黄金のマサカリ、ブンブラブンのブ〜ン！」

といいながら、ボンとへをふったと。とっつあんが驚いて、

「これは見事じゃ。もうひとつ、へ、ふってみい」するとまた、「ブンブラブンのブ〜ン」と

上手にへをふった。

「う〜ん、おまえ、がいに（とても）上手にへ、ふるなあ」

へふり爺さんは、とっつあんから褒美をもらったと〉

この話は、「はなさか爺さん」と似ているところがあって、次に隣（となり）の爺さんが自分も褒美をもらおうと思って、同じことをするのですが、こちらはへのかわりに、実弾を出してしまい、大失敗というオチがついていました。この話は、何度聞いてもおかしくてたまりませんでした。

水木と結婚したとき、「へ」の話になると夢中になって止まらなくなることに、ちょっとびっくりしましたが、すぐに慣れ、むしろ懐かしささえ感じるようになったのは、祖母の昔話で下地が私の中にできていたおかげかもしれません。目を輝かせ、生き生きと話す水木の顔を見ていると、不思議に子ども時代に戻ったような安らかな気持ちになれたのですから。

いまでも、「へ」の話をすると、水木はニコニコ笑顔になります。水木にとっても、それは、子どものときの自分につながっているかもしれません。

さて、昔話は「その昔、こっぽり。木に登れ、木に登れ」と祖母がいうと、それが、話が終わりという合図。祖母が話の途中で眠くなってしまうと、「そこで、長い長〜いふんどしが空から落ちてきたげな。こっぽり。木に登れ、木に登れ」と、私たち子どもたちを笑わせて、おしまいにしてしまうこともありました。

神仏、先祖とのつながり

母の実家の祖母も、昔話が上手でした。母の実家は、大塚から西に六キロほど離れた尼子氏の城下町・広瀬町から、さらに南の山側に入ったところにある布部の宇波というところ。

平安時代にはじまったとされる「たたら製鉄」で栄えた土地で、母の祖母の実家もたたらに関係する仕事をしていました。宮崎駿監督のアニメ映画「もののけ姫」にたたらの村が出てきますが、作品をつくる前にあの映画関係者が、安来にたたらのことを調べに来られたと聞いたことがあります。たたらの神様は女性であるため、たたらに関わるのは男だけと決まっていて、本当は男だけの世界。ですから、その点だけは映画とはちょっとちがうのですが、それを除けば雰囲気はまさにあのとおり。「もののけ姫」の映画を見たときには、懐かしくてうれしくなりました。

まだいたるところに古いものがたくさん残っている時代でした。

大塚の町中にも、町の人たちだけが知る言い伝えが残っていました。

大塚はかつて、交通の要衝であったために尼子と毛利の数々の合戦の舞台になったところ。そのため戦に倒れた侍を葬った千人塚など、たくさんの塚が残っています。尼子のお姫様が亡くなったといわれる場所にはお地蔵さんも設けられていて、町の人が大切にしていました。

また、いたるところに祠やお堂があり、それぞれお祭りをしたりお供えをしたりしていました。道端や川のそば、田んぼの脇などに、自然石がおかれているところもたくさん。男の子なんかは「バチがあたるけん、そこにおしっこをひっかけたりしてはいけんぞ」など、真剣に大人からさとされていました。

お盆には、私の家の前の通りが盆踊りの会場になりました。直径が一メートルもある「鼕」と呼ばれる大きな太鼓の音にあわせて「そろたそろたよ、踊り子がそろた、稲の出穂より、なおよう、そろた」などいろいろな唄を歌いながら、老若男女が踊り明かすのです。

子どもにとって、盆踊りは、お正月に次ぐ最大の楽しみのひとつでした。でも、子どもであっても、お盆は仏様をまねいて、またお見送りする日々だということもわかっていました。盆踊りに伯太川の精霊流しがつきものだったからです。

お盆の見送りの日には、伯太川に人々が集い、わらづとに、ご先祖様へのお供えものをのせてロウソクに火をともして流しました。新盆の家のわらづとは、大きく華やかで、それゆえにさびしさが募りました。ゆらゆらといくつものロウソクの炎が、ゆっくりと川を流れ下っていく風景を見ると、子ども心にも、しみじみと心に染み入るような物哀しさも感じました。

目には見えないけれども、私たちを守ってくれる神様や、無礼を働いたら怒って災いを引き起こす存在が、いたるところにいるということを、町の人たちみんなが肌で感じ、心から信じていました。それは、怖いことではなく、むしろこの町に住む安心感につながっていました。私が、魂や神様、仏様を身近に感じるようになったのも、こうした古里があったからだと思っています。

貧しくとも平穏だった戦時中

実家の生活をひとことでいえば、質実剛健（しつじつごうけん）。とにかくみんながみんな、いつも何やかやと働いている家でした。子どもでも、働かざるもの食うべからずみたいな雰囲気がありました。

やがて日中戦争がはじまり、昭和一六（一九四一）年暮れには、ついに太平洋戦争へと拡大しました。日本中が「非常時」となったこの時期、わが家でもいちだんと暮らしは厳しくなりました。稲刈りの後の田んぼを貸してもらい、そこで田植えがはじまるまでの間に収穫できるものを植えたりもしました。子どもであった私も、その作業を手伝いました。高菜（たかな）などの菜っ葉、ジャガイモ、ソラマメ、エンドウなど、わが家で食べる分がやっとでしたが、いいものができると隣（となり）近所と交換したりしました。

そんな日々の楽しみは、四季折々の行事でした。正月にはお餅（もち）を、ひな祭りにはヨモギをいれた餅を、五月の節句には粽を、母はつくってくれました。また、家の裏で飼っていた鶏が産む卵は、ふだん、口にすることもできませんでしたが、ひな祭りには、ゆで卵をひとり一個、もらえましたし、学校の遠足には、母が卵焼きをつくってくれることもありました。

父の趣味のひとつに釣りがありました。ウグイやアユなどをたくさん釣ってくると、家族の晩のおかずになりましたので、趣味と実益をかねていたといってもいいかもしれません。竹のしかけを作って、町の背を流れる伯太川からウナギをとってくることもありました。夜のうちに川にしかけをしておき、朝、引き上げてくるのです。

「ウナギがとれたぞ!」という父の声がすると、胸をわくわくさせながら、火を起こし、ウナギを裂いて、たれをつけて炭で焼きました。いつしか、ウナギを裂くのは私の役目になっていました。ウナギを裂くのはちょっとしたコツがいるんです。そして、ウナギの脂とタレがおちて、炭がジュウジュウ音を立てはじめると、家族全員がその匂いに引かれて笑顔で集まってきました。

また年に何度かは、自転車と汽車で、境港まで行き、舟を出し、海釣りをしてくることもありました。そんな日はまだ暗いうちから父は出かけていきました。アジ、サバ、タイ、メバルなどを釣って父が帰ってくると、その日の夕食はごちそうでしたから、家族は釣果を楽しみに待っていました。でも穏やかで波が滅多に立たない中海と、日本海とではまったくちがいます。

日本海は荒波ですので、危険もともないました。父が海釣りに行った日は、祖母は家の外に出て、安来の港のほうを向いて、父の帰りをずっと待っていたものです。

あのころは父のような素人でも、結構収穫がありました。冷蔵庫もない時代ですから、大漁だと、塩漬けにしたり、味噌に漬けたりして、それを井戸の水面すれすれのところにぶら下げて、何日間か、家族で舌鼓をうつだけでなく、近くの人たちにも分けてあげていたようです。

とにかく総勢九人もの家族を食べさせていくために、両親は四苦八苦しているのが、私にもわかりました。少しでも家計を助けようと、セリやヨモギ、ワラビやツクシなど、食べられる野草を見つければ、子どもたちも学校の行き帰りにとってきたりしました。農家から三等米を買って、粉にして、それにヨモギをいっぱいいれて、つぶして、団子にしたものが主食だったこともあります。

いまの人からみれば、考えられないほど貧しい食事でしょうが、みんながみんな、そうなんだという思いがあったからでしょうか。みじめさは微塵もありませんでした。

おなかをいっぱいにすることは無理でも、食べるものがなくなってしまうことはなかったし、おなかがすいていたから何でもおいしく、ありがたく食べられましたから。そして、あの時代を経たために、人間はその気にさえなれば、飢え死には絶対しないのだという信念のようなものが、私の中にできあがったような気がします。その信念が、水木と所帯を持ったとき、いつも支えになってくれました。

家業に明け暮れた終戦後

昭和二〇（一九四五）年八月一五日の終戦の日のことは、いまでもはっきりと覚えています。友だちの家に遊びに行って、縁側に腰をかけていると、「いまから大切な放送があるから」と、そこの家のお父さんがラジオを持って庭に出てきたのです。

ただ外に立っているだけで、汗が背中を流れていくような、暑い暑い夏の日でした。セミが耳をつんざくように大きな声で鳴いていました。

やがてザリザリという音にまじって「……堪えがたきを堪え、忍びがたきを忍び……」という玉音放送がはじまりました。すべてが聞きとれたわけではありませんでした。それでも戦争が終わったことだけは、私にもわかりました。

わが家からは出征した人はいませんでしたが、父の姉の子ども、私にとっての従兄弟は三人とも戦死して、伯母が悲嘆にくれていましたし、大塚周辺には大阪から疎開してきた子どもたちも大勢いました。親から離れ、さびしそうにしていた子もいましたし、ひもじさのあまり、柿の実を盗んで町の人に叱られた子を見たこともありました。それに戦争中には、父が軍刀を研ぐという仕事もはじめたため、床の間にぎらりと研ぎ上げた軍刀が並んでいる様子に、ぞっと背中が冷えたこともありました。

また、この放送の一週間くらい前だったでしょうか、ロシアが参戦してきたというニュースが発表され、みんな戦争の先行きについて心配もしていました。

「終わったんだな」

「負けたんだ」

誰ともなく、そうつぶやく声が聞こえ、目頭を押さえる人もいました。でも、私は、涙はでてきませんでした。これからどうなるんだろうと思いつつも、ようやく戦争が終わったと、正直、ホッとしていたのです。私は女学校の二年生で、まだ一三歳でした。

私は女学校を四年で卒業しました。姉ふたりは女学校を出ると、代用教員として働きはじめたので、私にもその話があったのですが、私は引っ込み思案で、人前で話すなんて考えただけで頭がくらくらしてしまうようなタイプ。自己主張というものをほとんどすることなく、父や祖母のいうことにさからわず、いつも穏やかな表情でいる母に、私は姉妹の中でいちばん似ていたのでしょう。とにかくおとなしくて、目立つことは一切ダメでしたので、女学校卒業後は家の手伝いをすることになりました。

戦後、父は酒の小売の免許をとり、酒屋をはじめました。戦後の混乱期、酒は登録制で、配給というかたちで、切符でやりとりすると決められていました。父のもとにはありがたいことに、小作関係の人からの多くの注文が寄せられました。それは大変な数でした。

そのため、配給の酒は、馬車に積まれた一斗樽（いっとだる）がどかんどかんと、いくつもいくつも届くのです。するとわが家はてんやわんやの忙しさになりました。

まずは樽から一升瓶（いっしょうびん）に入れ替えなくてはなりません。「はい！」という掛け声とともに一升瓶をおき、漏斗（じょうご）をさし込み、酒を流しいれ、打栓をして、また「はい！」という掛け声とともに新たな一升瓶……。それだけでも、なかなかの重労働でした。そして一升瓶に酒をつめ終われば、それを自転車に積んで配達しなくてはなりません。

兄は学生でしたし、母は体が弱く、リウマチを抱えていたので、瓶詰めや配達はもっぱら弟と私の仕事でした。幸い、私は丈夫で、力も案外ありました。

町中だけでなく、田んぼ道を駆け抜け、遠くの家まで届けにいきました。歌が好きな私は、思いつくまま唱歌を口ずさみながら、ペダルをこぎました。冬、雪が降った日は、一升瓶をかかえて、歩いて届けたりもしました。

ふたりの姉は、戦争が終わるころ、バタバタと嫁（とつ）いでいきました。ひとりの姉が嫁いだのは、近隣にある大きな養蚕（ようさん）農家でした。戦後の食糧難のときには「遊びにおいで」といわれると、

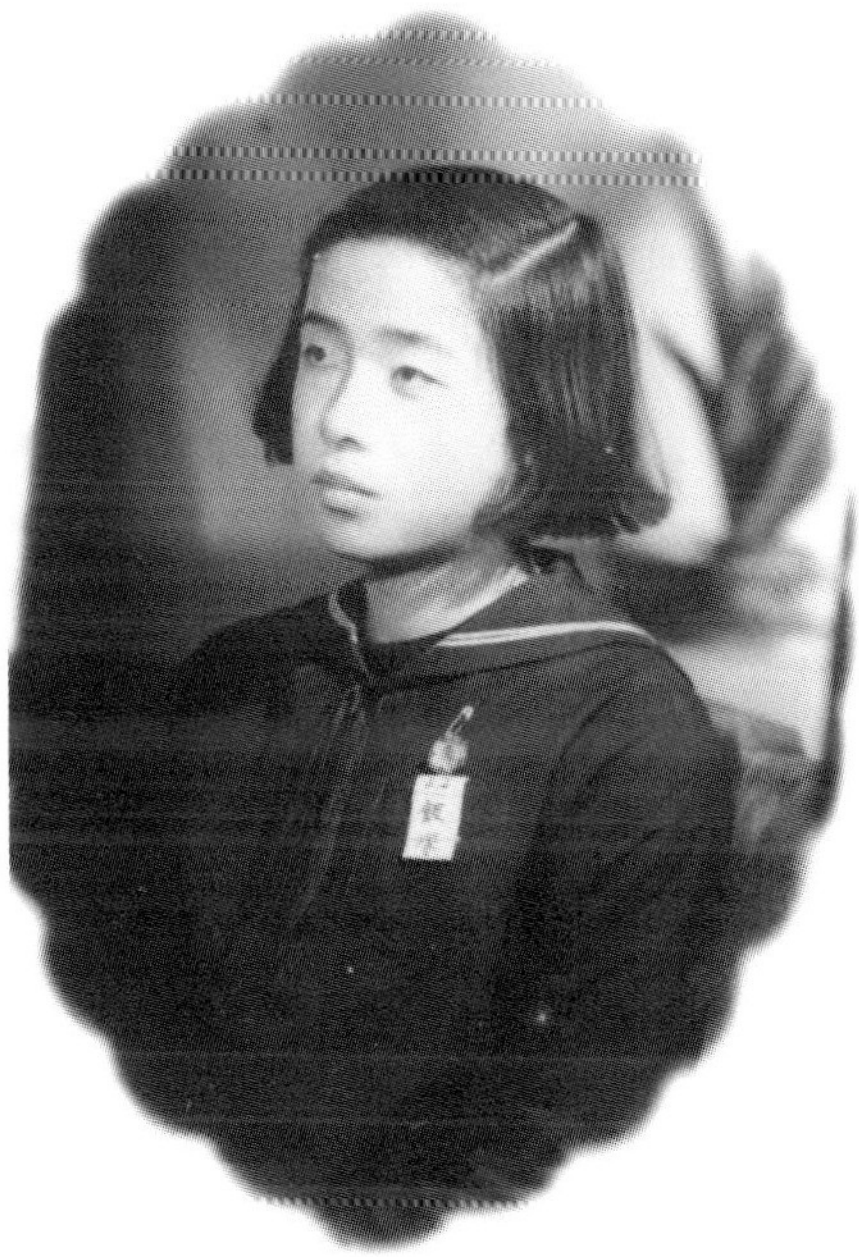

女学校時代の著者（飯塚布枝）。

私はリュックサックをしょって、四里（約一六キロ）もの道のりを歩いていきました。帰りには、マクワウリやサツマイモ、大根、ネギなどをそのリュックいっぱいにつめてもらって、それを背おってくるのです。肩にくい込むほど、ずっしり重かったのですが、家族の喜ぶ顔を思い浮かべながら、やはりこのときも歌を歌いながら帰りました。いまでも私は、うれしいことがあると、知らずしらず歌を口ずさみます。

縁談を待ちわびる日々

祖母は数え年で八八歳で亡くなりました。祖父は父がわずか一二歳のときに逝ってしまったため、家をもり立てるためにひとり、がんばりにがんばった祖母でした。祖父にかわって商いをするために、独学で読み書きを覚えた賢い人で、裁縫も上手。自分を顧みず、常に家族のことを第一に考えて生きた生涯でした。最後は寝た切りになりましたが、やがて穏やかな表情で黄泉の国に旅立ちました。

店の仕事も人手が足りず、私がいなくては困る状態でしたし、祖母の世話も病弱な母にまかせ切ることはできず、私はずっと家業の手伝いを続けていました。いくつか縁談がなくもなかったのですが、話が進むこともなく、適齢期はあっという間にすぎていきました。

大学を卒業して家に戻り、教員として働きはじめていた三つ上の兄が結婚したのは、昭和三二（一九五七）年のこと。兄嫁は、父の友人の娘さんで、働き者の上に、明るく、歌の上手な人でした。同じ年ごろなので、兄嫁とはすぐに仲良くなり、時折ふたりで伯太川の土手で歌を歌ったりもしました。

私は、身長が一六五センチもあって、当時としてはものすごく背が高いほうでした。女学校に入るときには、後ろから四番目くらいだったのに、卒業するまでの間にひょろひょろ伸びてしまい、学年でいちばん背が高くなってしまったのです。私が引っ込み思案だったのは、身長が高すぎるというコンプレックスもあったかもしれません。だから、結婚に対しても、私自身、ちょっと臆病な面もありました。

でも、もうそんなこと、いっていられません。祖母も亡くなり家業に人手が足りるようになった以上、この家を出て行くことを真剣に考えなければならないと思ったのです。それはつまり、どこかの人と結婚して、その家に入るということでした。ひとりで生きていく技術も経験もなく、誰かに頼って生きていくしかない私にとって、家を出る唯一の方法が、結婚でした。

でも、自分で相手を見つけるなんてことは、とてもできません。チャンスがないというのではなく、そういう発想すら、私の中のどこをさがしてもなかったのです。こういうと、いまの若い人には奇異に聞こえるかもしれませんが、都会ならいざ知らず、当時の地方では、見合い結婚が当たり前で、恋愛結婚などとんでもないという時代でした。ですから私は、誰か、いい縁談（えんだん）を持ってきてくれないかしらと、ひたすら願っているだけでした。そのころ、よくお墓参りに行っては「私が縁付いていくところが、幸せでありますように」と祖母にお願いしていました。

やがて兄夫婦に男の子が生まれました。本当にかわいい子で、私にもなついてくれました。この子を連れて安来の町に行ったとき、ばったり女学校時代の友だちに出会って、「この子、あんたの子？　かわいいねぇ」といわれたことがあります。「私の子じゃなくて、甥（おい）っ子よ」と笑いながらいったのですが、ますます、早く結婚しなくてはと思いました。

いつしか、私は二九歳になっていました。

しかしそんな私にも、ついに見合い話が持ち上がりました。

その相手の男性の名は、「武良茂（むらしげる）」といいました。

二章

結婚、そして東京へ

武良茂、職業は「貸本マンガ家」

武良茂(むらしげる)という人のつり書きと写真を見たのは、昭和三五(一九六〇)年の秋でした。間に立ってくれたのは、母の弟である叔父。叔父のつれあいの実家が武良家の遠縁だったというご縁でした。

境港(さかいみなと)出身。

年は私より一〇歳上。

戦争で左腕を失った人。

「水木しげる」という名前で、貸本(かしほん)マンガというものを描いている人。

住まいは東京。

つり書きからわかったのは、それくらいでした。

でも、写真の笑顔がとても感じがよかったんです。自転車に乗り、ふっと自然に笑っている

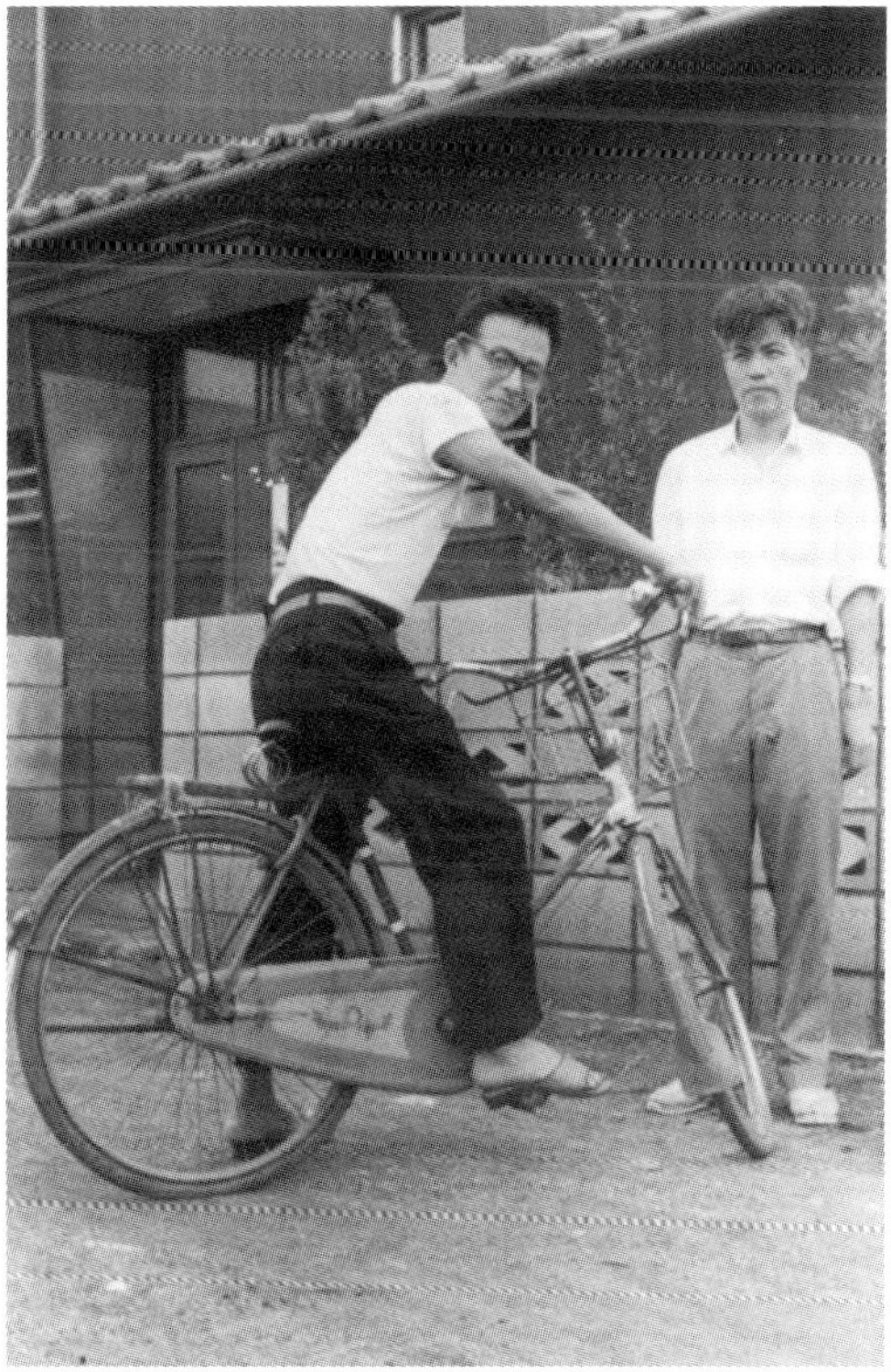

武良茂（水木しげる）の見合い写真。著者が最初に目にした茂の姿。

写真でした。体も大きくて、男らしい感じがしました。そして、包容力がありそうでした。

父が、水木のことが気に入ったからなのか、私が潮時だと思ったからなのかは、わかりません。でもいつもなら、ムッと押し黙って「断れ！」と母にぼそっといって終わりにする父が、そのとき、珍しく「進めてもらおう」といったので、私はびっくりしました。

いよいよ、私の番が来たと思いました。

間に立ってくれた叔父が、相手側の仲人さんとともにわが家に来たのは、秋も深まってからでした。

ちょうどその日は、私の母校・安来高校の文化祭の日で、私は兄嫁と甥とともに、高校に遊びに行っていたのです。コーラスの発表を聞こうと、三人で体育館に行きかけたときに、校内放送で私たちの名前が呼ばれました。

「大塚の飯塚さん、大塚の飯塚さん。すぐに家に帰宅してくださいという電話がありました」

兄嫁と私は、てっきり、家の誰かが倒れたかどうかしたのではないかと思い、青くなりました。甥を抱き上げて、安来駅前の停留所まで走り、まさに扉を閉めようとしたバスに三人で飛び乗ったのです。

そして大塚のバス停からも全力疾走で家に飛び込むと、そこにいたのは、私の仲人さんたち。

誰も怪我をしていなくてよかった、倒れていなくてよかったという安堵の思いと、私の品定めに来た人に会うという緊張が交互に押し寄せ、あのとき、私の顔は青くなったり赤くなったりしていたのではないでしょうか。

とにかく息を整えて、私は座敷に行き、仲人さんたちにていねいにお辞儀(じぎ)だけをして下がりました。仲人さんたちは一時間ほど父と話をして帰っていきました。

その晩、父が仲人さんから聞いたことを話してくれました。相手の人は、すこぶる健康で、しかも生活は安心だ、というのです。

当時は、戦後の復興期がすぎ、国民所得倍増計画が発表された時代でしたが、大学卒の初任給でもまだ一万八〇〇〇円くらいでした。でも、その人は貸本マンガを月に一冊描いていて、それが一冊で二万円になり、その上、戦争で片腕を失ったので、その恩給まであると聞かされました。

私には、ぜいたくをしたいという望みはありませんでした。でも、食糧難の時代を生きてきただけに、まじめに仕事をして一日三度のごはんをちゃんと食べさせてくれる人であってほしいとは思っていましたので、これなら大丈夫そうだと安心しました。

でももちろん不安もありました。まず、武良という人が職業にしている貸本マンガというものを見たことがなかったので、仕事に対するイメージはまったくわいてきませんでした。当時、私がマンガで知っていたのは、兄がかつて読んでいた『のらくろ』とか『冒険ダン吉』、あとは手塚治虫さんのいくつかの作品くらい。自分で筋書きを考え、それを絵に描くというのは、楽しいことでしょうけれど、骨の折れそうなことだなぁと感じました。

そして左腕がないということも、まったく気にならなかったといえばウソになります。どこからないのか、ひじからなのか、肩からなのか。それさえわかりませんでしたし、左腕を失ったためにどのくらい生活に不自由が生じているのかもわからなかったからです。

ごはんはお茶碗を持たずに食べるのかしら、服は着せてあげないといけないのかしら……。でも片腕で自転車に乗れるなんて、もともと運動のよくできる、器用な人なのかしら。腕を失っても生きて戦争から帰ってこられたなんて、実はすごく運のいい人ではないかしら……。私は想像だけをめぐらしていました。

片腕でストーブに火をつけてくれる優しさ

見合いをしたのは、年があけてからでした。私はてっきり水木が正月に境港に帰省するのにあわせて、その日取りになったのかと思っていたのですが、実は両親に、水木が「お前ももう四〇になる。これが最後のチャンスかもしれない。帰ってきて見合いして結婚しろ」とコンコンといわれ、見合いのために無理をして帰ってきていたのだと、後になってわかりました。

一月のその日、母と兄嫁は前日から懸命に掃除をして、家をぴかぴかに磨き上げてくれました。私は、朝から唐草模様が描かれた臙脂色の銘仙の着物に、洋服生地で作った茶羽織を着て、どきどきしながら待っていました。心臓が口から飛び出しそうなほどでしたが、緊張がピークまで達すると、私は逆に腹が据わって、覚悟が決まるところがあって、見合いの約束の時間が近づくころには、「なるようになれ」と思えるようになっていました。

やがて、ハイヤーの止まる音がして、どやどやと人が入ってくるのがわかりました。そして、両親と見合い相手一行が座敷で挨拶を交わし、それから私がお抹茶を運んでいくという手順になるはずだったのですが、座敷の様子が何かおかしな感じがしました。人が立ったり座ったりしているような、わさわさした気配が台所に待機していた私のところまで伝わってきたのです。

「どげした？　なんかあった？」

台所に戻ってきた兄嫁に聞くと、ストーブに火がつかなくて困っているといって、またあたふたと座敷に戻っていきました。なんだか気になって、ふすまの間からこっそりのぞいてみると、兄嫁が一生懸命、石油ストーブに空気を送っていました。あのころの石油ストーブは加圧式で、脇についたピストンのようなものを何度も押して中の空気を圧縮させなければ火がつかなかったのです。

すると、突然、見合い相手の人が立ち上がり、ストーブに近づいていいました。

「ちょっこし、オラがやってみましょうか」

そして、ピストンを猛烈な勢いで動かし、あっという間にストーブに火をつけてくれました。それで私のハートにも火をつけた？　いえいえ、そんなわけではないのですが、正直、あぁ、やさしそうな人でよかったと思いました。

私がお抹茶を運んでいくと、向こうも頭を軽くさげてくれました。私はその場に残り、父の隣に座りました。顔をあげることもできず、口を開くこともせず、そのままずっと父と相手の人が話しているのを聞いていました。

「そげですなぁ」と大きくうなずくたくましさ

東京に住んでいるというので、もしかしたら、都会的な人だったら困るなぁと思ったのですが、その心配はないということがすぐにわかりました。

飾りっ気のない、カラッとした人だと感じました。父がこちらの言葉で話すと、こちらの方言で答えてくれることにも安心しました。

「そげですなぁ」

そんな風にうなずく声も、大きくて、健康そうでした。

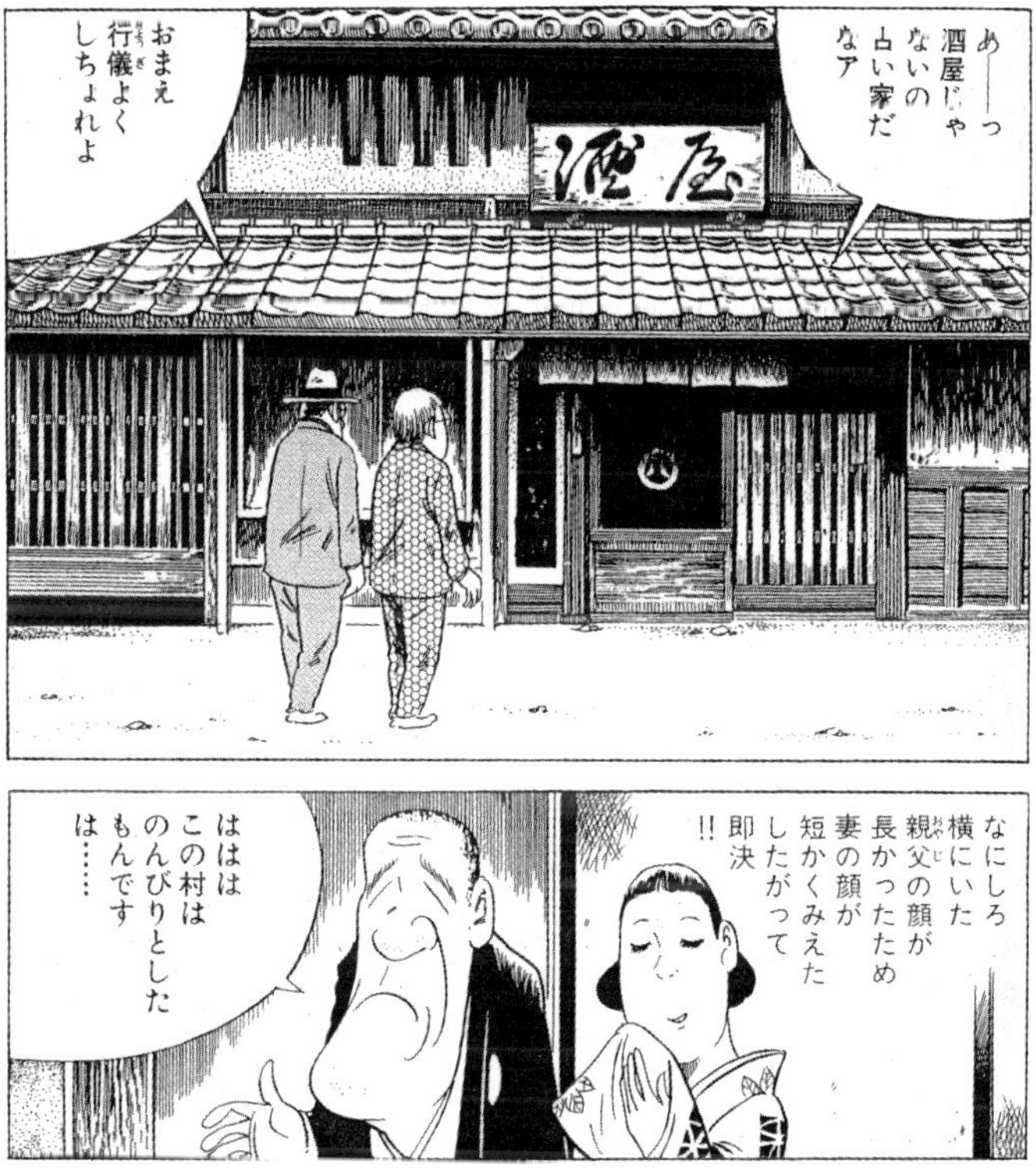

水木しげる作『ボクの一生はゲゲゲの楽園だ』(講談社刊)より。水木しげるが描いた見合いの場面。

男ぶりは普通でしたが、背広を着て、しゃんとしていて、よさそうな人だと思いました。抹茶茶碗を右手で持ち上げ、ぐいっと飲んだとき、左腕がないことを思い出しましたが、あのときは義手をしていたのでしょうか。左腕がないというのも、あまり気になりませんでした。

それよりも、抹茶茶碗を持ち上げた厚くて大きい右手が印象的でした。この頑丈そうな手で貸本マンガというものを描いているのかしら……そんな風に想像もひろがりました。

後になって知ったのですが、見合いのとき着ていた背広もネクタイもシャツも、お兄さんのものだったそうです。本人の背広は質屋に入っていたのです。

父は、すっかり気に入ったようで、その夜「ありゃ、ええぞ。決めろ」といいました。そのひとことで、私たちの結婚が決まりました。

健康で丈夫そうな男性だし、裏表のなさそうな人だから、なんとなく、うまくやっていけるだろうと思ったのでしょう。

見合いの五日後に結婚……？

結婚式は一月三〇日でした。それは見合いの一〇日後――だとばかり、私はずっと思っていましたし、水木もいろいろな本の中に、そう書いているのですが、先日、大塚の兄から「日記を見直したら、見合いから結婚式まで五日しかなかったゾ」という電話がありました。

兄の日記によると、一月二五日の二時ごろから六時半まで大塚の家で見合いをして、その翌日二六日にカツラあわせ、一日おいて二八日に結納。さらに一日おいて三〇日に結婚式……だったというのです。

私の記憶では一〇日くらいはあったような気がするのですが、兄の日記には、私の結婚式のために兄が散髪(さんぱつ)した代金が一八〇円だったということまで書いてあるのです。ということは、私と水木の見合いから結婚式までわずか五日という、文字どおりのスピード婚！　われながらびっくりしました。

もちろん、見合いを一度したからといって、急に相手に対して恋心を抱(いだ)くというようなものではありません。水木もそうだったんじゃないかと思います。いまのように好きだから結婚するというのではなく、当時は、とにかく男と女、一緒になって、家庭を築いていくうちに愛情が育まれるものだとされていて、私もそう思っていました。

だから、結婚式まで日がないということにも、とくに不満を感じませんでした。東京と境港、そして安来は、いまよりももっともっと遠かったからです。最も速く東京まで行く急行「出雲」号でも、こちらを昼ごろにたって、東京着は翌朝。ほとんど一日がかりの大旅行で、当然、汽車賃もたいへん高額でした。

結婚すると決めたなら、仕事を何日も休んで山陰に滞在したり、東京と行ったり来たりしたりして無駄なお金を使うなんて、水木には考えられないことだったのです。その点も、私には異論はありませんでした。

嫁入り道具は最低限のものだけを両親がそろえてくれました。安来の近くに嫁ぐならともかく、大きな箪笥（たんす）など東京に送るわけにもいかないので、必要なものは向こうで調（ととの）えるようにと、父はわずかでしたがお金を包んでくれました。東京に送ったのは、私の着るものと身の回りのものくらいでした。

それでも、親が急遽（きゅうきょ）用意してくれた着物や洋服などを、柳行李（やなぎごうり）につめるときには、いよいよこの家を離れるのだという思いで、私も胸がいっぱいになりました。故郷の山や川や、畑や田んぼ、そして大塚の町並みを忘れないようにと、ゆっくり歩き、目に焼き付けたりもしました。なにせ、東京に行ってしまったら、余程のことがない限り、大塚に戻ってくることはないと覚悟せねばならない時代でしたから。いまも、故郷のイメージとして最初に瞼に浮かぶのは、このとき見た光景です。

まもなく東京で新たな生活をスタートするということも、会ったばかりの男性と結婚するということも、現実ではないような感じもしました。当時、旅行はぜいたく中のぜいたくですから、わが家とは無縁のもので、修学旅行以外の旅行といえば、町内のバス旅行で二度ほど水木の故郷・境港の海水浴場や米子の近くにある大山に紅葉狩りに行ったくらいだったのです。大塚の小さな町しか知らない私が、花の都・東京の住人になるのだと思うと、それこそ夢をみているような気持ちになりました。愛着のある安来や生まれ育った大塚を出て行きたいと思ったことはありませんでしたが、日本一の大都会というものを、この目で見てみたいという「期待」が、どこかにあったことも事実でした。

水木の義手が「コツッ」と……

結婚式の日は、朝から雪がちらちらと降っていました。朝早く、母とともに、米子の美容院に行って、髪を整え、結婚衣装に着替えました。角隠しに、白の内掛けでした。私の背が高かったため、打ち掛けがひきずるほど長くなかったのを、なぜかよく覚えています。

式場は米子の灘町後藤のお屋敷でした。私のほうからは安来の母の実家、母の妹夫婦、私の二番目の姉夫婦、兄など、ごく内輪の親戚が出席しました。武良家のほうも、兄弟とごくごく親しい人だけ。全員あわせても、二〇人くらいの式でした。

神主さんにお払いをしてもらい、三々九度をすませると、みんなで記念写真をとりました。水木と私が寄り添うように座らされたのですが、そのとき、水木の左にはめた義手に私の体があたり、「コツッ」と小さな音がしました。その音を聞いたとき、ああ、私はこれからこの音を何度も何度も聞くのだろうと思いました。

実は、水木は義手をはめるのが大嫌いで、「結婚式だから絶対にはずすな」と母親からいいわたされていたために嫌々はめていたのだということを、私はまったく知りませんでした。結婚式の後、水木はもう二度と、義手をはめませんでした。コツッという音を聞いたのは、それが最初で最後となりました。

余談ですが、境港に「水木しげる記念館」をつくるときに、義手を展示したいといわれ、思わず、水木と顔を見合わせてしまいました。義手をどこにしまったのか、まったく覚えていなかったのです。家族全員で家さがしをし、ようやく見つけたのが屋根裏部屋。義手はすっかりホコリをかぶっていました。それほど、水木は義手が嫌いでした。形だけをとりつくろったりするのは、ムダなことで、その上、みっともないと考えている人だからでしょう。

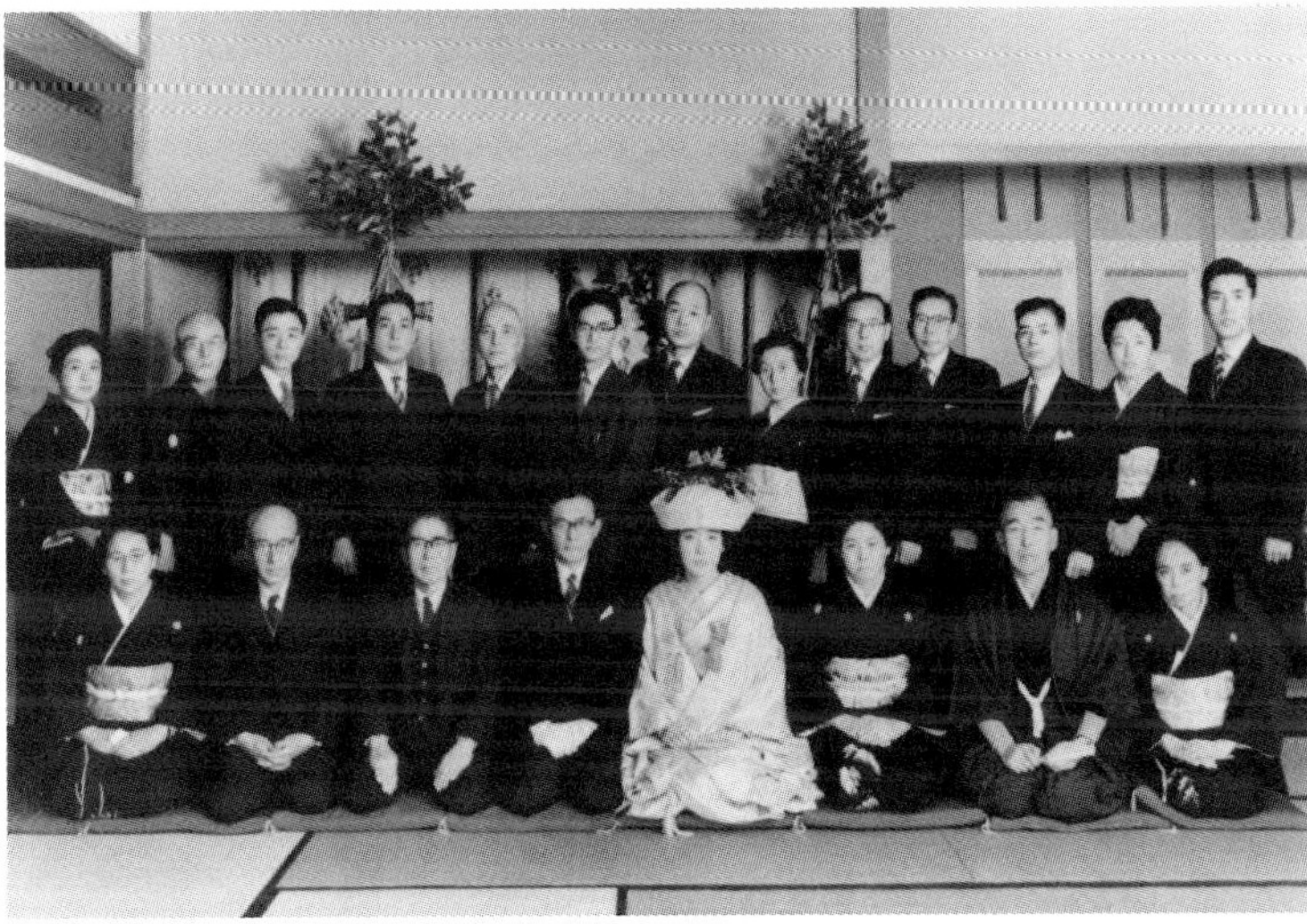

昭和35（1960）年1月30日の結婚式での記念写真。式は米子の灘町後藤にある屋敷で催され、武良・飯塚両家の親類とごく親しい人々のみが列席した。

宴が果てると、その日はハイヤーで境港の武良家に向かいました。雪は激しさを増し、町はすっかり真っ白に染め上げていました。

武良家の裏手には馬車が通る細い道があって、その先は岸壁になっていました。そして、そこには境水道が広がっていました。対岸には島根半島、そしてこちらの岸壁には漁船が連なっていました。その上にボタン雪が後から後から降り積もっていました。

私の親族はみんなお酒が飲めるのですが、武良家の人たちは、そろってアルコールを一滴も受け付けない体質。この日の宴で、義父が「酒は二級酒でいいですよ～」と大声で触れ回ったと、水木はおもしろおかしくいろんな本で紹介していますが、それには、武良家は飲めない人ばかりだという理由があったわけです。ところがその日、つがれた酒をなめるようにではあっても、ちょっぴり飲んでしまった水木は、とたんにぐったりしてしまい、その夜は早々に寝付いてしまいました。酔いが回ったせいで、かなり苦しかったようです。

一方、私はというと、疲れているのに、なかなか寝付けませんでした。ひとり、障子を開けて、目の前の境水道を長い間見つめていました。

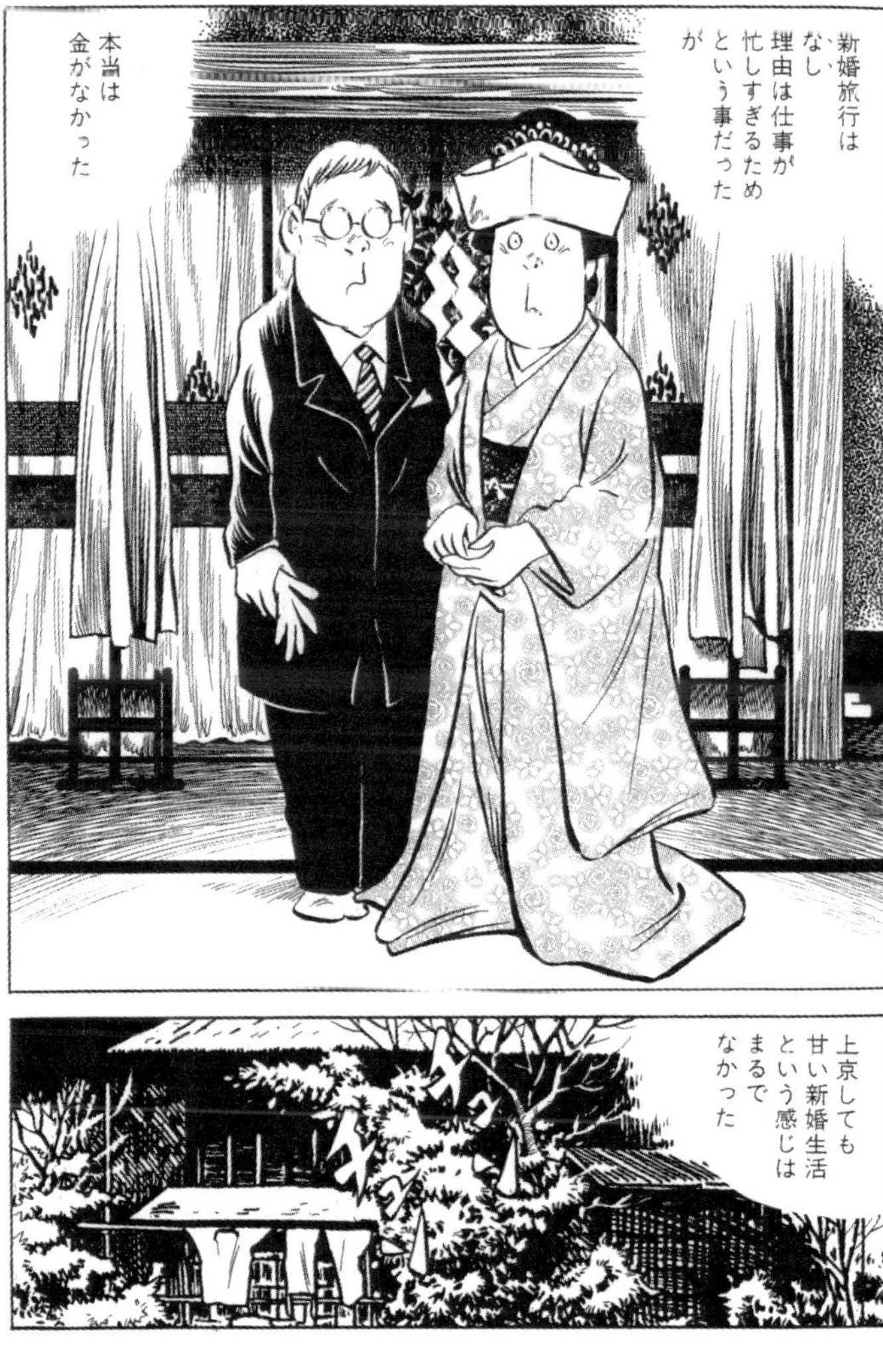

水木しげる作『ボクの一生はゲゲゲの楽園だ』（講談社刊）より。下のコマには新婚当時の東京調布の自宅が描かれている。

今生の別れ

結婚式の次の日、水木とふたりで安来・大塚の私の実家に泊まり、その翌日、「出雲」号に乗って東京へと旅立ちました。安来の駅には、結婚式に出てくれたほとんどの親戚が集まってくれました。お赤飯のおにぎりと魔法瓶にいれたお茶を、姉が手渡してくれました。

荷物は別便で送ったものの、私もまた持てるだけの荷物を持っていくことになっていました。水木は安来の家を出るときに、私が持ちかけたトランクをだまって、右手で持ってくれました。汽車に乗り込むと、水木は汽車の座席の上の網棚にまずトランクを、そして私が手にしていた風呂敷類を軽々とあげてくれました。

発車ベルが鳴ると、妹が窓の向こうで泣きながら私に手をふってくれました。私もそれにこたえて手をふっていますと、いよいよ、安来を去るという思いが胸にこみあげてきて、涙がほろほろこぼれ落ちました、この当時、山陰から東京にお嫁に行くなんて、まさに互いに「今生の別れ」のような気持ちでした。

「元気でな」

「体に気をつけて！」

「しげぇさんを大切にして！」

両親、そして姉妹兄弟、親戚たちが、動き出した汽車に向かって口々に叫んでくれました。

汽車から見えていた中海はあっという間に姿を消し、山陰の雪山の風景に変わりました。よく揺れる汽車でした。ゴトンゴトンというリズムに体を任せながら、私たちふたりは並んで座っていました。

でも、何を話したらいいのかもわからず、ふたりはただただだまって座っていました。

汽車が出発したとたん、今まで私を守ってくれた家族から離れたということが急に胸に迫ってきていました。ひとり、荒海に放り出されたような気がしました。そして、隣の座席に座る男の人と、新しい家庭をつくっていく以外、この不安から抜け出ることはできないのだと感じました。

しばらくすると、疲れが出てきたようで、水木は目をつぶり、トロトロ眠りはじめました。

私も、いつしか眠りに落ちていました。


これが東京の家……!?

汽車が東京に着いたのは、翌日の朝でした。浦和に住んでいた私のいちばん上の姉が、運転手さんをよこしてくれたのには驚きました。当時、姉の夫が勤めていた銀座の会社の車をまわしてくれたのです。立派な乗用車で、晴れがましい感じでした。

まだ、車もそんなに多くない時代でしたから、渋滞にあうこともなしに、車は甲州街道をどんどん下っていきました。家がたくさんあって、大きなビルもそびえていて、人がたくさんいて、さすが東京だと思っていたのですが、次第に武蔵野の風景に変わっていきました。

やがて、調布のがらーんと広がる畑のど真ん中に六軒の建物が並んでいる場所にやって来て、そのひとつの前で、車が止まったのです。

「ここだ」

水木がそういったとたん、私は「え～っ！」と水木の顔をのぞき込んでしまいました。建売住宅に住んでいると聞いていたので、私はもう少しマシな家を想像していたからです。それはまるで、簡単に板を打ち付けただけで壁にしたかのような、とても粗末な家でした。

正直、とんだところに来てしまったのかもしれないと感じました。でも、もう引き返すことはできません。

そして、すぐに、水木は、家や結婚どころではない厳しい状況にあって、実はまったくお金がないのだということが、わかってきました。

戦後の水木

後になって聞いたことですが、水木は、この調布の家に落ち着くまで、幾度も引っ越しをくり返したようです。

出征して太平洋戦争の最大の激戦地ニューギニアに送られた水木は、片腕は失いながらも奇跡的に生き残りました。戦後、ラバウルから帰還船に乗って、横須賀に上陸、左腕の再手術のために神奈川にある陸軍病院に入院したのですが、手術が遅れたために、まず病院で一年以上暮らすことに。それから東京・月島の引揚者の寮に移りました。

このころに絵描きを目指して、武蔵野美術学校に入学。輪タクを買い、それを人に貸して、そのお金で暮らしていたとのことでした。

その後、吉祥寺に部屋を借りたものの、車社会になってきて、輪タク貸し業もだんだん立ち行かなくなったそうです。また、美術学校に通ううちに、このまま学校に通ってもとても絵描きでは食べていけないということもわかり、水木はあっさり二年で中退。

それで思いついたのが、境港への帰省もかねて東海道募金旅行だというのですから、ちょっと変わっています。当然ながら、戦後の混乱期、そんな水木に募金をしてくれる、酔狂な人がいるはずもなく、その旅行はあえなく失敗に終わりました。

でもその旅の途中でたまたま一泊した神戸市の宿の女主人から「一〇〇万円の借金がついているけれど、二階建てで一〇室ある、この建物を安く買わないか」と持ちかけられ、〝家賃収入で安泰に暮らすことができるのではないか〟と、小原庄助さん的生活を水木は夢見たのでしょう。実家から頭金の二〇万円を出してもらい、残りは月賦で支払うことにして購入したといいます。

水木は管理人となり、境港に住む父を呼び寄せると、父は当時B級戦犯として巣鴨プリズンに入っていた兄の、妻と娘をも連れてきて、しばらくして神戸の会社に勤めることになった弟も同居することになったそうです。このアパートが水木通り沿いにあったため、アパートは「水木荘」と名づけられ、彼が、紙芝居会社社長の鈴木勝丸さんから、まちがえて「水木さん」と呼ばれ続けたことがヒントとなって、「水木しげる」というペンネームが生まれました。

このアパートには、おかしな人たちがたくさん住んでいたそうです。ギャングや空き巣、ストリップをしている中年のおばちゃん、そして久保田さんという名前の紙芝居画家。この久保田さんに水木は紙芝居描きの技術を教わり、久保田さんが紙芝居画家をやめるときに後釜として紙芝居の会社を紹介されたというのですから、人間の運命はわかりません。

その紙芝居の会社の人たちも、水木荘の住人同様、相当に変わっていたようです。褌の上に、黄金バットみたいなトンビ（ケープをつけた袖（そで）のないコート）だけを着ていた人とか、寝台の下に横になって台本を書いていた人とかがいたのだと、水木がおもしろおかしく語ってくれたこともありました。

寝台の下にいたというのが、紙芝居をしゃべらせたら日本一という鈴木勝丸さんで、水木はやがて、勝丸さんが経営する阪神画劇社の専属作家に。同じころ、勝丸さんの友人である加太（かた）こうじさんの色塗りなどの手伝いもはじめたそうです。

加太こうじさんは、『黄金バット』を描いた人で、紙芝居界の当時の第一人者だったそうです。

水木は、紙芝居時代の話になると、いつもため息交じりにこう繰り返します。「紙芝居の世界は、締め切りは毎日、仕事は一日一二時間の重労働。少しでも紙芝居の出し物が悪いと、すぐに貸元が倒産する〝ヒヤヒヤの世界〟。ちょっとでも〝ウケないですね〟といわれると、何とかしなくてはならなくて、大変だった」と。このころ、水木は西部劇をヒントにしたものや、人間が猫娘やガマ令嬢に変身する『巨人ゴジラ』といった紙芝居作品を描いていたそうです。

残念ながら神戸でのアパート経営はうまくいきませんでした。頭金を払っただけで、月賦をまるっきり払えなかったからです。やってきた借金取りに、そこでアパートの売却をすすめられ、すんなり売ってしまったのだそうです。

そのために西宮に二階家を買って、また引っ越しをしました。このころ、水木は新聞に載ったことがあったそうです。後になって、その新聞記事を私も読ませてもらいました。そこには「戦争で負傷して片腕になった男が弟とともに、巣鴨プリズンに収容された兄の家族の面倒を見ている」と書かれていました。市が表彰しようとしたら、水木がそれを断ったのもえらいとほめてくれていました。

その後、巣鴨プリズンに九年間収容されていた義兄もようやく釈放され、西宮にやってきたために、水木は兄家族と二階で同居することになりました。一階は人に貸して、その代金を家計のたしにしたそうです。水木には、そういうちゃっかりというか、しっかりしているところがあります。水木が三一歳のころのことです。

それから水木は三年ほど紙芝居の作品を描いていました。このときに、勝丸さんからの「こういう不況の時代は因果ものがあたる」というアドバイスもあって、描いた紙芝居作品が『墓場鬼太郎』。後に水木の代表作となる『ゲゲゲの鬼太郎』の原点とでもいうべきものですが、作品の雰囲気はかなりちがい、非常にオドロオドロしい内容です。

しかし、このころからテレビが一般の家庭にも普及しはじめ、子どもたちは紙芝居にとんと集まってこなくなりました。紙芝居の時代が終わってしまったのです。

そこで水木は三五歳のときに絵の具箱と紙だけを持って上京。東京の亀戸にある下宿屋に

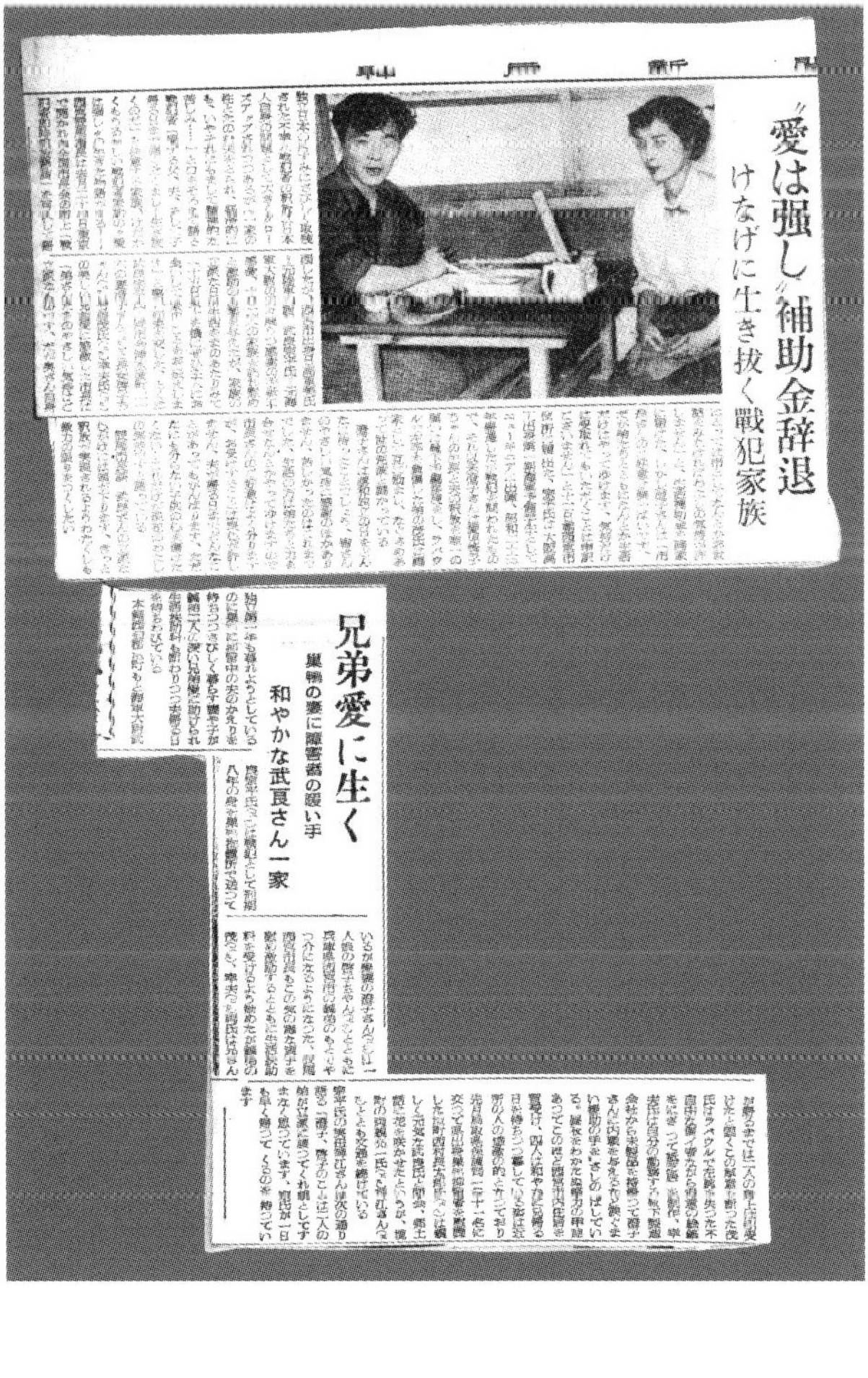

“愛は強し”補助金辞退

けなげに生き抜く戦犯家族

兄弟愛に生く

巣鴨の妻に障害者の暖い手

和やかな武良さん一家

神戸西宮在住時代に水木しげるが紹介された新聞記事。

引っ越します。しばらくは先に上京していた加太こうじさんの手伝いなどをしていたのですが、生活はいっこうにラクにならず、紙芝居に見切りをつけ、水木は貸本マンガに転身しました。

水木の貸本マンガのデビュー作は『ロケットマン』でした。『戦場の誓い』などの戦記ものやギャグ作品、そして『怪奇猫娘』などの怪奇ものと、いろんな種類のマンガを描きはじめました。

では、職業として貸本マンガが、紙芝居とくらべてよかったかというと、実は似たりよったりの、これまた大変な世界だったのでした。

亀戸時代の水木は、「とにかく食えない。あのころ、世の中に何が起きていたのかは、全然記憶がない。一日の大半、マンガを描いていても、あらゆるものを質屋に入れ、靴まで入れて、残っているのは本と枕と布団だけという生活。餓死しないために、必死だった」という、ため息をつくのさえ、腹が減るからはばかられる暮らしだったとか。亀戸の下宿屋の三階の屋根裏には、有名になる前の講談師・田辺一鶴さんが住んでいて、アルバイトでベタ塗り（墨汁でべったりと黒く塗りつぶすこと）の手伝いをしてもらったこともあったそうです。

後に一鶴師匠が有名になって、テレビに出るようになると、水木は一鶴師匠がブラウン管に映るたびに、にやっと笑いました。

「変わらんね、この人も。でも顔もつやつや、着るものも立派になって、よかった。あのころは万年床で、ひどい暮らしをしていたからな」

三七歳のときに、水木は亀戸から新宿南口のアパートに引っ越しました。

そして同じ年、調布市の隣り合わせの建売住宅を月賦で購入し、兄の家族を呼び寄せました。

貸本版『墓場鬼太郎』を描きはじめたのはその翌年のことです。

けれど調布の家でも、またしても安穏(あんのん)と暮らすわけにはいきませんでした。住み着いてわずか一年で、地主から、その家が無断建築だと訴えられて、法廷で争うことになったからです。

結局、最終的に二軒のうち一軒を明け渡すことになってしまったのですが、不幸中の幸いで、たまたま兄家族は近所の市営住宅に当選したためそちらに移り住みました。

そして、残ったその一軒で私たちの新生活がスタートしたというわけでした。

「月三万円の収入」は夢のまた夢

当時、調布の家のまわりは、本当に何にもありませんでした。がらーんと畑が広がっている場所でした。花の東京を想像して出てきたのに、まわりは畑だけだったのですから、ガクッと力がぬけるような感じでした。何もかもがそろっていて、しかも一歩外に出れば、みんな知り合いばかりという安来の大塚が、なおいっそう懐(なつ)かしく、寂(さび)しさもつのりました。

大塚は、山陰ですから、冬は雪が積もるほど寒いのですが、東京の寒さも負けていませんでした。私は山陰のしっとり湿った寒さには慣れていたのですが、東京の、肌をさすような、乾いた寒さは大塚のものとはまったく別物で、その冷たさに震え上がりました。

その上、水木の家は家の中ものすごく寒かったのです。隙間風がピューっと入り放題、入ってきました。強い風が吹くと、窓ガラスがピリピリ鳴り、木枠がガタガタッと音を立てて揺れました。

朝、起きると、ガラス窓にびっちり鳥の羽みたいな模様が描かれていることもありました。水滴が夜の間に凍り付いていたからです。

家にある暖房器具は小さなストーブひとつと火鉢だけでした。そのストーブも灯油がもったいないので、つけっぱなしにはできません。私はあるだけのセーターや靴下を二枚、三枚と重ねて着込んで、寒さを防ぎましたが、たちまち足はしもやけ、手はあかぎれになってしまいました。

買い物に行くのも不便でした。豆腐一丁を買うにしても、お店まで一〇分も歩かなければならないという具合。生活のすべてが小さくまとまっていた大塚の町を思うと、その道がひどく遠く感じたものです。道路もまだ舗装されていなかったので、冬の朝寒さが厳しいときには、一〇センチほどもある霜柱が土をぐいっと盛り上げてしまうのです。日が上がるとともにその霜柱はゆるんでくるのですが、そうなると道がもうベチャベチャ。歩くたびに靴の裏に泥がくっついてしまいます。調布あたりの土は粘土質で、一度、靴につくと水で洗い流すほかなく、それにも往生（おうじょう）しました。

けれど、しばらくすると水木が、質屋さんから質流れの自転車を買ってきてくれました。おかげで買い物はだいぶ便利になったのですが、とにかく質屋との間をひっきりなしに水木が往復するのには、驚きました。私の実家は、決して裕福ではなかったし、どちらかというと質素に暮らしてきたわけですが、質屋にものをあずけて、お金を借りるということは、私が知る限りありませんでした。

けれど、水木はお金が足りなくなると、洋服からラジオから時計からすべて、質屋に持っていくのです。「質屋に持っていかない方法はないんですか？」と私が聞いても、水木は「あずけているだけだから、心配ない」ととりつくしまがありません。少し現金が入ると、それらを取り出し、またなくなると質屋にあずける……。

水木は、「オレは質屋にあずけたものを流したことがない」といいますが、本当でしょうか。いくつか流れてしまったものもきっとあるんじゃないかと思います。

見合いをしたときに聞かされた「月三万円の収入」なんて、夢のまた夢だったのです。

失った左腕の恩給も水木の元には入ってきていませんでした。それは境港にいる義父母が管理していたからです。

恩給があれば助かるのにと、何度も思いました。でも、義母に恩給を送ってもらうことはできませんでした。水木は親思いで、親に心配をかけることだけは絶対にしてはならないと、私に厳命していたからです。生活が苦しいので、恩給をこちらで使わせてもらえないか、などとは、口が裂けても義母にいってはならないことでした。

水木は義母を「イカル」と呼んでいました。イカルというあだ名は、よく怒るところから義父がつけたものなのだそうです。

「昔、マンガが儲からないといったら、境港に戻ってきて〝灯台守〟になれ、といわれた。もし、おまえが手紙に生活が苦しいというようなことを書いたら、イカルはまた、それを持ち出すにちがいない。オレは灯台守はやらん。あれは、ただただ起きていなくてはならない仕事だから。いいな、苦しいとか、大変だとかいうのは、厳禁だ」

「手紙には、一切、よけいなことは書くな。イカルが境港からこっちに出てくるかもしれないからな。そしたら面倒だ」

水木は真顔でそういっていました。

義母はどちらかというと直情型で、水木でも恐れるような面があるということが私にもうすうすわかってきていたので、恩給はあきらめるしかありませんでした。

そんな中で、お米だけは、近所のお米屋さんからツケで買うことができたので、本当に助かりました。わが家は現在にいたるまで、ずっとそのお米屋さんから買い続けています。

また、当時は、水木は建て増し部分の階段からあがる二階の部屋を人に貸していて、そのわずかばかりの家賃が家計を助けてくれました。ただし、玄関と炊事場(すいじば)はひとつだったため、その下宿人とは何かと家の中で顔を合わせることになります。でも、水木は言葉を交わすどころか、挨拶もしません。

「あの人に、挨拶をしなくていいんですか?」

「いいんだ」

「でも、すぐ……」

「お互い、日に入らないと思っているほうが暮らしやすい」

「……」

「慣れだよ」

最初は、気になって落ち着かない感じがしていた私ですが、水木がまったく気にしないので、私も次第に気にならなくなりました。

二章
底なしの貧乏

命をかける男の後ろ姿

私は実家にいたころは、季節に関係なく、朝は六時になると、起きていました。けれど、水木の生活はそこから五時間ほどずれていました。朝は一一時に起床。朝ごはんをしっかり食べてから、仕事にとりかかり、夕方の七時ころ、一緒に夕飯を食べます。それからまた仕事をしました。夜一〇時になっても、一一時になっても、カリカリというペンの音は止まることなく、夜中までそれが続きました。

結婚当初、水木が描いているマンガを見て、私は驚きました。恐ろしげな、気持ち悪い世界だと、正直、思いました。私はそれまでマンガといえば、なめらかな線のものだとばかり思っていたのです。内容もそうでした。読むことで気持ちが明るくなるのがマンガというものだと思い込んでいたものです。

たとえば、三洋社という貸本出版社から当時刊行していた『鬼太郎夜話』という作品には、地獄やら、人を食らう化け物やら、骸骨にどくろやら、いろいろな魑魅魍魎の類が描かれていました。後年描かれた「少年マガジン」版の、鬼太郎の丸っこい線とはちがい、リアルな劇画調で、大人っぽいというか生々しいというか、とにかく見続けていると、ぞ〜っとするような迫力がありました。

「恐怖マガジン」に発表した作品などは、さらにものすごく、血走っている目玉ひとつだけでも、見ているものを恐怖に陥れるに十分な、暗いタッチで描かれていました。

穏やかな表情で、飄々と生きている水木のどこからそんな怖い話が生まれてくるのか、不思議でならないほどでした。もうちょっと普通のマンガを描いてくれたらいいのにと思ったりもしました。

水木はひたすらマンガを描いていました。一度仕事場に入ると、何時間も出てきません。その間、仕事場からはカリカリというGペンの音が聞こえ続けているのでした。

夏のある晩のこと、私は夕食の用意ができたので水木を呼びに行きました。仕事場をのぞいたら、いつものように水木は無心に仕事をしていました。左腕がないために体をねじって左の肩で紙をおさえるので、自然に顔は紙のすぐ上。汗が流れ落ちて原稿にシミがつかないように、タオルの鉢巻をして、その体勢のまま、ひたすら描き続けていました。

あまりに夢中になっているその姿に私は声をかけることができず、しばらくその場に立ちすくんでしまいました。

精魂（せいこん）こめてマンガを描き続ける水木の後ろ姿に、私は正直、感動しました。これほど集中してひとつのことに打ち込む人間を、私はそれまでに見たことがありませんでした。

以来、ひたすらカリカリと音を立てて描く後ろ姿から、目を離せなくなることが、しばしばありました。背中から立ち上（のぼ）る不思議な空気、いまの言葉でいうならオーラみたいなものに、吸い寄せられるような感じがすることさえありました。私は次第に、その姿に尊敬の念を抱（いだ）くほどになっていったのです。

私にはマンガの良し悪しはよくわかりませんが、マンガにかける水木の強い思いに、心打たれたのです。一生懸命（いっしょうけんめい）に描いている水木の後ろ姿を見ていると、絵が気持ち悪いとか、話が怖すぎるとか、思ってはいけない、口にしてはいけないと感じました。

来る日も来る日もそういう水木の姿を間近（まぢか）で目にしているうちに、「この人の努力は本物だ」ということを、誰よりも身近な私が、いちばん知っている……そんな「誇り」のようなものを抱くようになったのでした。

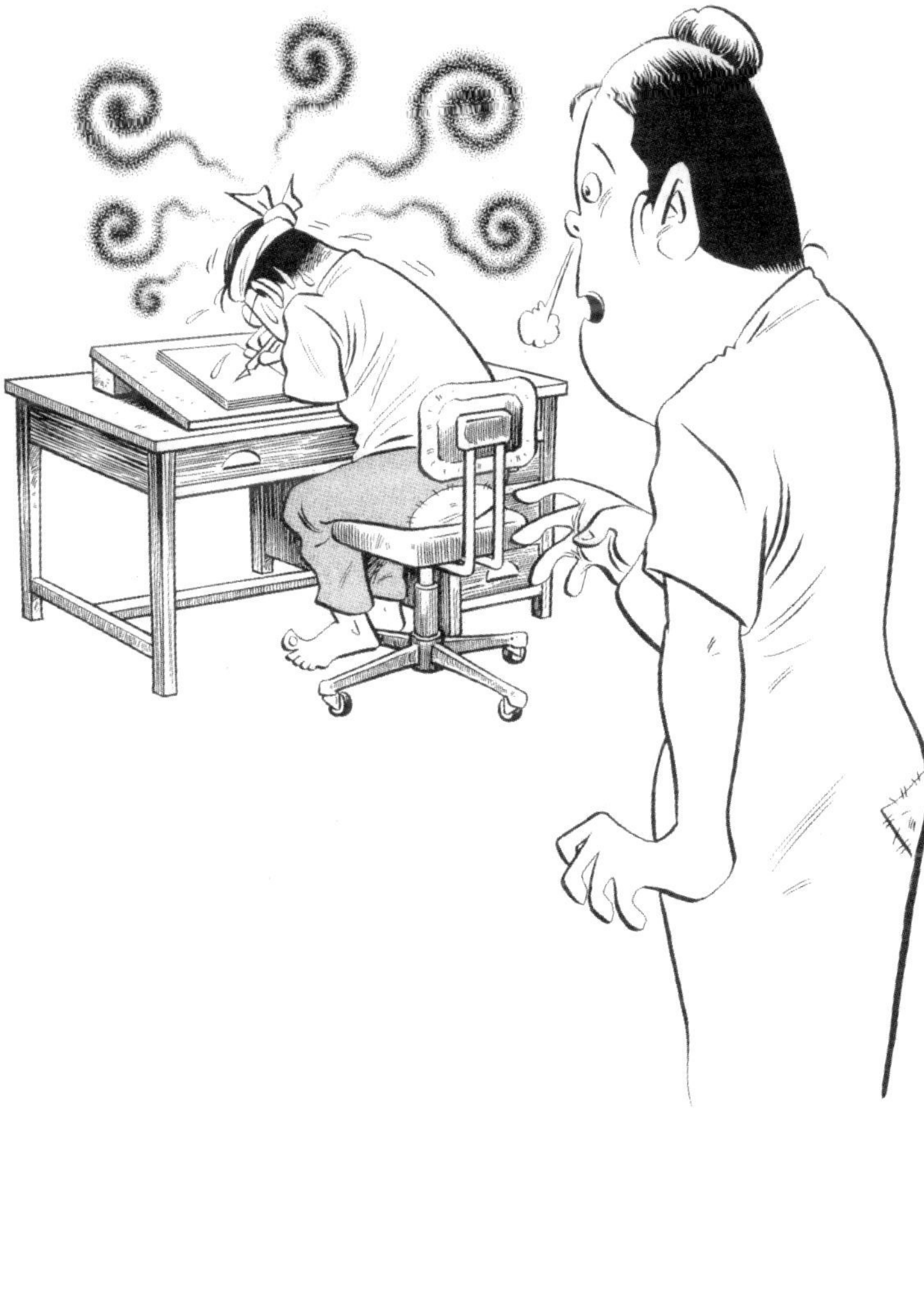

にわかアシスタント

あのころ、水木は映画を見に行く時間も余裕もなくなっていましたが、本当は映画が大好きで、映画音楽がおさめられたソノシートをたくさん持っていました。ひょっとしたら、それは質屋（しちや）で買ってきたものだったのかもしれません。「太陽がいっぱい」「禁じられた遊び」「死ぬほど愛して」「ヘッドライト」「ガン・ファイター」「ルーシーのテーマ」、あるいはヒッチコックの映画の音楽がおさめられたソノシートなどをかけながら、描くこともよくありました。お洒落（しゃれ）でモダンな義父の影響（えいきょう）もあったのでしょう。水木自身も、ちょっとハイカラなものが好きでした。

水木の仕事が終わるまで私も起きていなくてはと、結婚したばかりのころは思っていました。実家の母は体が弱かったのですが、父が仕事でどんなに遅くなっても必ず起きて待っていました。そんな母の姿を見て育ちましたから。

でも、水木の場合は私とは時計が完全にずれていました。水木が休むのを待っていていくら遅くなったとしても、私は彼のように昼近くまで眠っているというわけにはいきません。それに、安来（やすぎ）での長年の習慣があるため、私はいくら夜が遅くても、朝は六時には目が覚めてしまいます。

それがわかった水木は、私が遅くまで起きていると「早く寝ろ、寝ろ」といって怒るようになり、次第に私は先に休ませてもらうようになりました。

でも締め切りが迫っているときなどは、私も夜遅くまで手伝ったりもしました。

私は水木の手伝いをするのが好きでした。「おい、ちょっと手伝ってくれ」といわれると、嬉々として仕事場へ飛んでいきました。私でも水木の役に立てるということが、本当にうれしかったのです。

水木の仕事机の横にある小さめの机が私の仕事スペースでした。もちろん、私は簡単なことしかできません。

当時は専用の原稿用紙もなくて、まずは画用紙にキリで穴をあけることから作業ははじまりました。水木は数枚ずつ紙をとめるボール紙の台を持っていたので、それにはさみ、六コマ分とか八コマ分とかに穴をあけて、それから私が鉛筆でコマ割りの線を引きました。

そこに水木が絵を描き、その後で、私が定規を置いて黒ワク線を入れていきました。また水木が「スミ」と鉛筆で指定した部分には、墨汁でベタ塗りをしました。バックに「テンテン」と書いてあれば、テンテンを打ったり、雨や影の部分の斜線を引いたりしました。

ときには布団や洋服の柄を描いたりもしました。水木が「布団の柄は好きなように描いていいぞ」といってくれると、どんなものがいいかしらと考えて、小花を散らしたりしました。スクリーントーンがない時代でしたから、すべて手で描く以外ありません。絵が乾けば、消しゴムで鉛筆のラインをていねいに消して、失敗がないか点検して、ホワイトカラーで仕上げました。

薄暗い電球の下で、水木が動かすカリカリというペンの音に、私のペンの音が重なって、それがずっと夜明けまで続くこともありました。生活はどん底でしたが、ふたりで仕事をする夜は、私は不思議に穏やかで満ち足りた気持ちになりました。当時は生きるのに必死でよくわからなかったけれども、あれはたしかに、幸せな時間だったと思います

当時の作品を見て、「あ、これ、私が手伝ったものだ」とわかると、そのころのことを思い出して、懐かしくてたまらなくなります。

水木はまた、少年戦記の会という名で兎月書房から出していた戦記マンガ専門の貸本雑誌「少年戦記」の責任編集と執筆も続けていました。私はそのガリ版会誌「桜と錨」の印刷発行も手伝いました。わら半紙に印刷をして、ホチキスでとめるだけなのですが、「器用だな」と水木がほめてくれたりもしました。水木がお世辞をいうような人間でないことはもうわかっていましたし、私は、それまでそんな風にほめてもらったこともなかったので、とてもうれしかったことを覚えています。

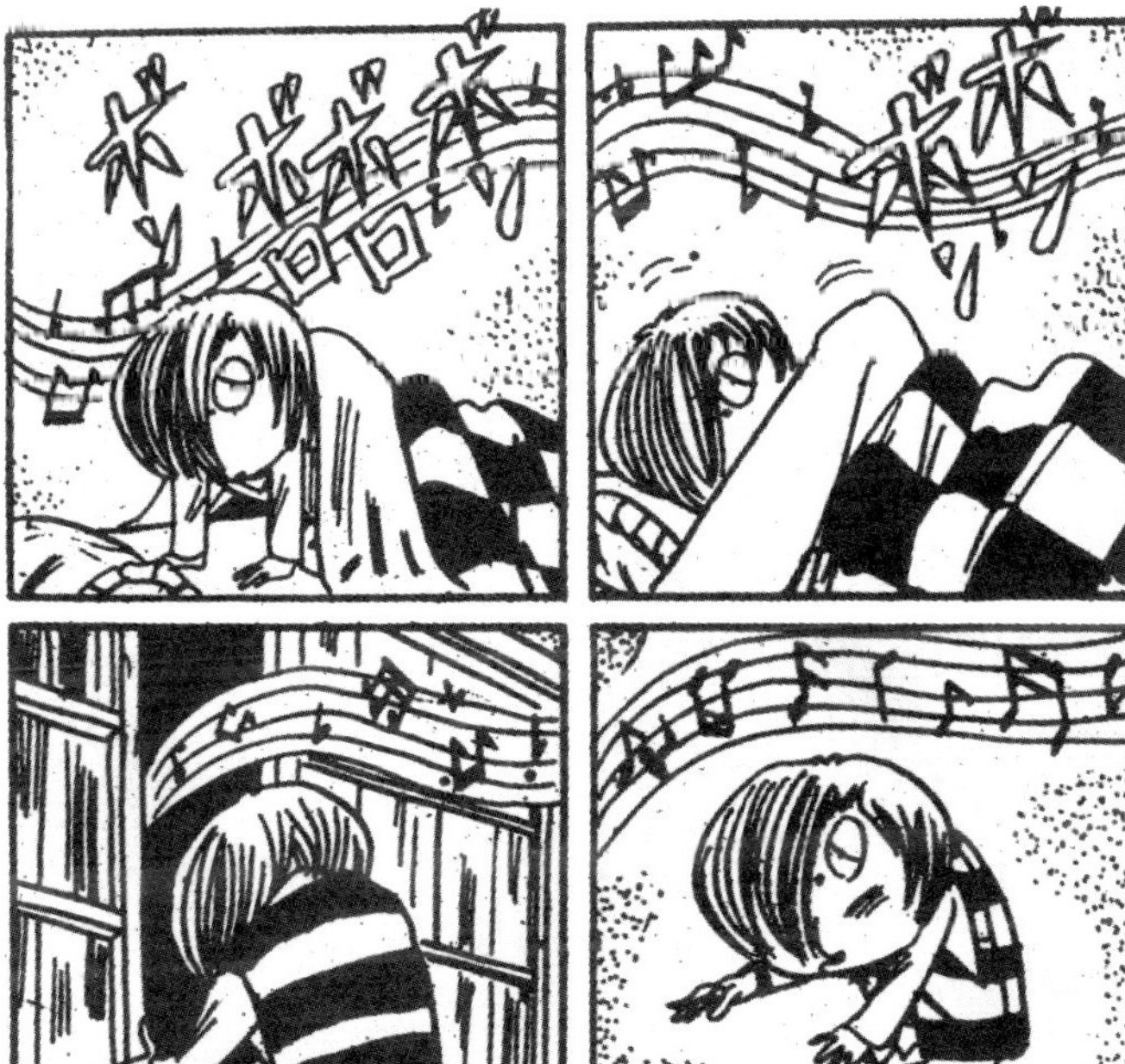

著者も作画を手伝った貸本版『墓場鬼太郎』の「霧の中のジョニー」より。

貸本マンガ業界の現実

「これを出版社に届けてくれ」と水木から、仕上がったばかりの作品を手渡されたのは、結婚してまもなくのことでした。たぶん水木は、その原稿を徹夜で仕上げたにちがいありません。きっとその朝、自分で届けるつもりだったのが、仮眠をして起きたらフラフラだったのでしょう。水木がその出版社までの行き方、地図などを描いたものを、私に渡しました。

「ひとりで行けるか？」

「たぶん、行けると思います」

「向こうが原稿料を値切ろうとしても、粘れよ」

「えー、私、大丈夫かしら」

「とにかく、がんばれ。この原稿料に生活がかかっているからな」

水木から渡された革のグレイのバッグを持って、私はひとり、出発しました。そのグレイのバッグは、大きなサイズの画稿を入れるための専用バッグで、これだけは質屋にも持っていかずに、常にわが家に大切においてありました。

京王線（けいおう）の特急ですと、いまでは調布（ちょうふ）から新宿まではわずか一五分ですが、当時は各駅停車しかなくて、すべての駅に止まりながらトコトコ走るものですから三〇分くらいかかりました。それから新宿で乗り換えて、信濃町に。そこからは歩きです。

水木からは、原稿料を受け取ったら、帰りに新宿で降りて、買い物をしてくるようにと、申しつかっていました。コーヒー豆、外国製タバコ、中村屋のチキンカリーの缶詰、量り売りのキャンディーを一袋……。キャンディーは境港にいる両親に送るためのものでした。そしてそれ以外は、お酒を飲まない水木の嗜好品でした。

お金が入ったといっても、いつ次にお金が入ってくるかわからない状況だということが、もう私にもわかっていましたから、そんなぜいたくな品を買わずに節約を続けてはどうかしらといったのですが、水木の考えはちがいました。いつ次に入ってくるかわからないのだから、あるうちに、食べたいものを食べ、飲みたいものを飲みたいというのです。

その考えに納得はできませんでしたが、水木の稼ぐお金ですから、それ以上反対もできません。

それより何より、この作品を渡して、とにかく三万円という約束のお金をもらってこなければ、と私は必死でした。

神田三崎町にあるその出版社は大通りから路地を少し入ったところにありました。出版社のドアの前に立ったとき、私の顔は、緊張で少しばかり引きつっていたと思います。「ごめんください」というと「どうぞ。あいてるよ」と疲れた声が返ってきました。中に入ると、火鉢に手をあぶっている人の姿が見えました。それが出版社の社長でした。

水木ではなく、私があらわれたので、出版社の社長もびっくりしたようでした。でも、私も驚きました。ある程度想像はしていたのですが、出版社だとは思わなかったからです。水木から話には聞いていて、こんな貧乏そうな出版社だとは、私は想像もしていなかったのです。見ると聞くとでは大ちがい。ここまで貧しげなところだとは、私は想像もしていなかったのです。社長といっても、他に人がいたかどうか。覚えていないくらいなので、ひとりでやっている出版社だったのかもしれません。

「まあ、かけて」

そういって指差した先にあったソファがまたボロでした。座面に穴があいて、スプリングはもちろん、中につまっているワラが飛び出していました。しかたなく、その穴をよけて座り、バッグから水木の作品をとり出して、渡しました。

社長は私の目の前でおもむろに作品をめくり、あろうことか、ブツブツけちをつけはじめました。

「ああ、これじゃ、だめだ」

「……この間のも、売れなかったし……」

「売れるものを描いてもらわないと、金が払えないんだから……」

人が精魂傾けて描いたものを、ぼろくそにいうのです。

なんて失礼な人だろうと思いました。水木は、原稿を渡しに行くたびに、こういうことを我慢しなければならなかったのかしらと、切なくなりました。あれだけ渾身の力を振り絞って描いたものを、こんな風にいわれるのは、たまらないことだろうと、水木がかわいそうになりました。

それでも、こちらの生活がかかっている以上、とにかくお金をもらわないで帰るわけにはいきません。ですから、私はぐっとこぶしを握り締めて、社長のぼやきを聞き続けました。

「じゃ、これね」

ようやく手渡してくれたのは、約束の半分の一万五〇〇〇円しかありませんでした。これではこの先、暮らしていけません。私は、ものをいうのが苦手なほうですが、勇気をふりしぼっていいました。

「約束は三万円だって、聞いておりますが」

「奥さん、売れないものには払えないのよ」

「でも、これでは半分しか……」

「半分もらえるだけでも、ありがたいと思ってほしいもんですな」

「……でも、これでは食べていくことができません。何とか、もっともらえませんか」

血相をかえて頼み込みました。上乗せをしてくれたことはしてくれたのですが、往復の電車賃分だけでした。

電車の座席に、空になった革のバッグをひざに乗せて座り、新宿に向かいました。駅に着くたびに人が乗り降りしていました。でも、私は顔をあげることができません。水木がこれまでどれほどの屈辱に耐えてきたのかを、身をもって知ってしまったからです。これでは、あんなに一生懸命にマンガを描いている水木があまりにもかわいそうです。気がつくと、バッグの上においていた私の手の上に、涙がぽたぽたと落ちていました。

描いても描いても報われない、それどころか値切られ、そのために作品自体が貶められてしまうことへの口惜しさ。そして、この先大丈夫なのかという生活への不安。そうしたさまざまな感情がない交ぜになってあふれ出したのでしょう。

あわてて、涙をぬぐいながら、水木に頼まれた新宿での買い物をどうしようかと迷いました。予定どおりの金額をもらえなかったのだから、買って帰らなくても水木は納得してくれるでしょう。でも、このときばかりは、生活の苦しさも忘れ、せめて仕事をしている日々の姿をこの目で見ている私だけでも水木の努力を認めてほめてあげたい、水木には大好きなおいしいコーヒーをご褒美に飲ませてあげたいと思いました。そうでなければあんまり惨めだと思ったので

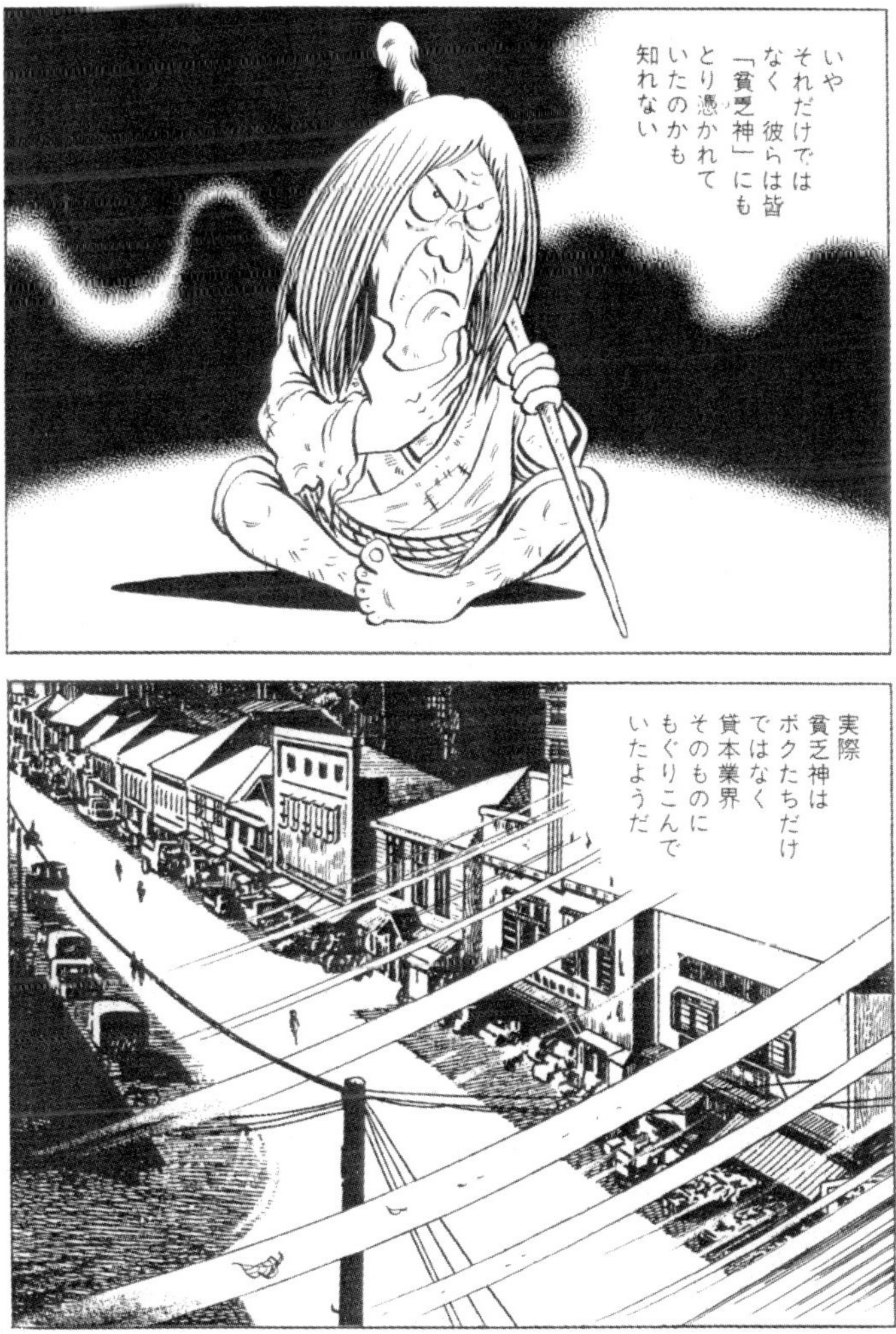

水木しげる作『ボクの一生はゲゲゲの楽園だ』（講談社刊）より。

す。私は新宿で電車を降りると、コーヒー豆をほんのちょっとと、境港に送るキャンディだけを買って帰りました。

「三万円の約束なのに一万五〇〇〇円しかもらえませんでした。すみません」

と頭をさげた私に、水木は文句もいいませんでした。

「そうか」

ただそれだけいうと、だまってお湯をわかし、私にもコーヒーを淹れてくれました。かぐわしいコーヒーの香りを感じたとたん、私はまた涙が目にあふれてきそうになりました。

水木にはくわしいことはいわなかったのですが、私が出版社でどんな目にあったのか、察していたのだろうと思います。ポツポツとですが、これまでのことを話してくれました。

注文された作品を持っていったのに、「たのんだ覚えはない」ととぼけられたこともあったそうです。また、三〇〇〇円ずつ毎日払うといわれ、新宿で会う約束をしたところ、三日間は一〇円玉で払ってくれたのに、四日目からはいなくなってしまい、出版社を訪ねるともぬけの殻だったということもあったそうです。

いまは出版社というと、立派な感じがするのですが、当時の貸本マンガ業界の出版社は、どれもこれも風が吹けばすぐに倒れそうな貧乏なところばかりだったのでした。

「マンガ週刊誌やテレビが普及しはじめて、もう貸本マンガではだめだ。このまま行くと、壊滅した紙芝居と同じことになってしまう。餓死しないためにも、早く別の道を考えないといけないな」

水木がそうつぶやいたときには、さすがに私もぞーっと背中が冷えました。

水木の本棚

小木の仕事場にしている部屋の後ろの壁には本棚がおかれ、本がぎっしり並んでいました。思想や哲学の本、画家の本、そしてハヤカワミステリーや平凡社の世界大百科事典などがありました。また、傍らには、新聞や雑誌の記事をスクラップしたものが山と積まれていました。

私が整理しようとしても、「そこはいじらなくていい」といって、決して手を触れさせません。質屋に持っていくのも、本がいちばん最後でした。

水木は、早起きができなかったためにいつも学校に遅刻していたのと、興味を持つ事柄にだけしか熱心になれないという性格のために、学校時代の成績は悪かったようです。でも自分がコレだと思うことについては、信じられないほどのめり込み、それに関わる知識をものすごく蓄えていく人だったのです。

水木が、いちばん好きな作家はゲーテ。

戦争中、いつ兵隊に自分がとられるかわからないと思った一八歳のころ、水木は死を強く意識したそうです。あのころの青年はいつ戦争にとられるかわからず、死がすぐそばにあるとみな感じていました。兵隊に行ったら、お国の役に立って、死んで帰って来いといわれる時代でしたから、青年たちはみんな、生と死について考えざるをえなかったのでしょう。水木も真剣に悩んだひとりでした。

その時期に、水木は、哲学書をむさぼり読んだのだそうです。ひとり家にこもり、他の誰とも会わない時期があったといいます。長時間、本に夢中になっていて、義母から呼ばれたとき、返事をしようにも、声が出なかったということもあったそうです。それだけ、熱心に、人間としていかに生きるべきかということを考えていたのでしょう。

そして水木が出会ったのが『ゲーテとの対話』という本でした。

「エッケルマンという人が書いたものだけれど、この本がいちばんゲーテの考え方がよくわかるんだよ」

そういって、私に差し出した文庫本は、何度も何度もページをめくったからでしょう。ぼろぼろになっていました。

「読んでみるか」

「でも、字が小さいし、それに私はむずかしいことは苦手だから」

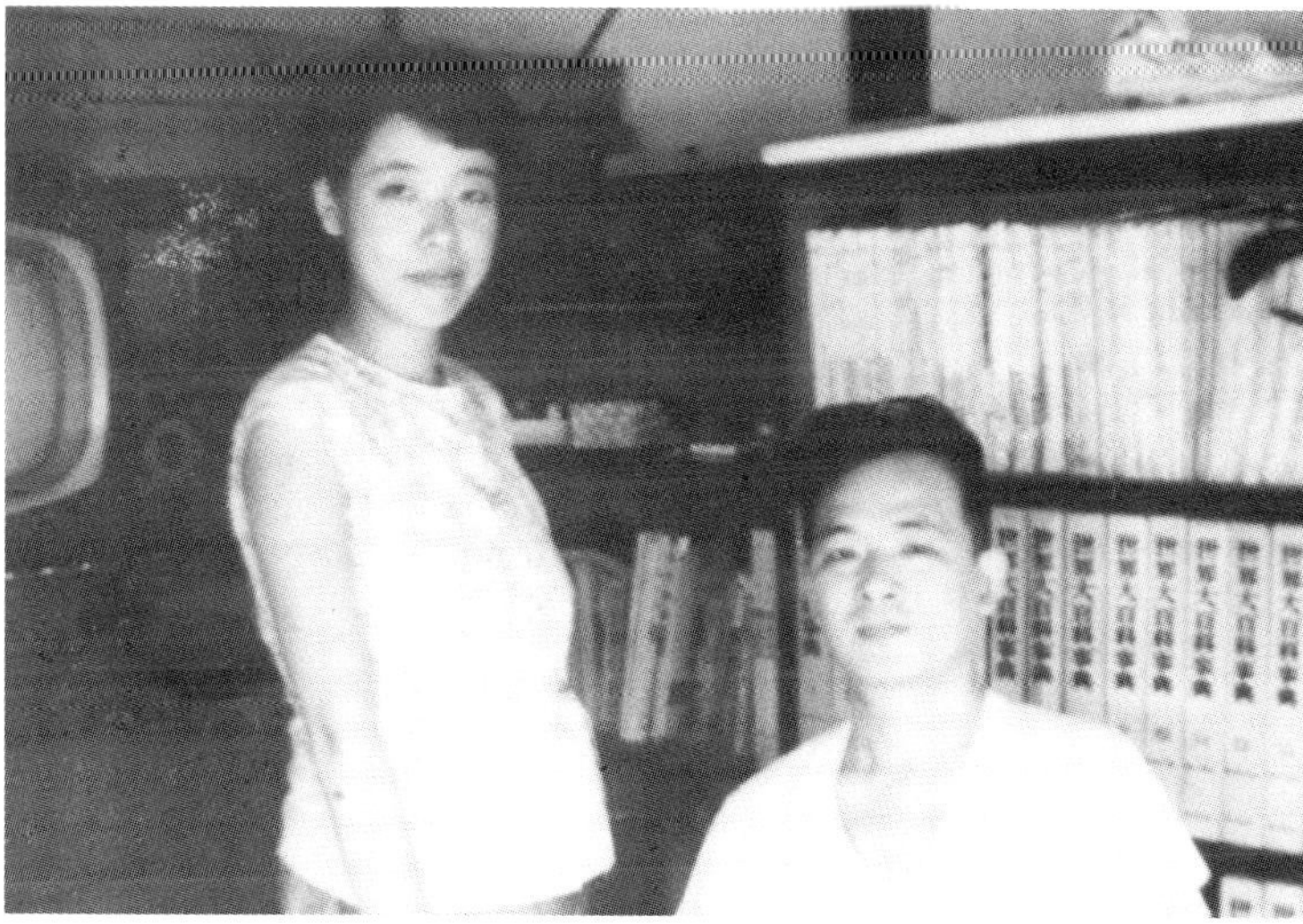

昭和37(1962)年夏ごろの水木大妻。東京調布の自宅の仕事場にて。このとき著者は長女・尚子を身ごもっていた。

「おもしろいんだがな」

「すみません」

水木は結婚当初からゲーテの気に入った言葉を紙に書いて、壁にはっていました。それで私もいつしか門前の小僧のように、そのフレーズを覚えてしまいました。

「自分自身を知るのは、楽しんでいるときか、悩んでいるときだけだ。また、悩みと喜びをとおしてのみ、自分が何を求め何を避けねばならぬかを教えられる」

「死を考えてみても、私は泰然自若としていられる。なぜなら、われわれの精神は、絶対に滅びることのない存在であり、永遠から永遠に向かって絶えず活動していくものだと確信しているからだ」

「精神の意志の力で成功しないような場合には、好機の到来を待つほかない」

当時、若者の中には、人間はなぜ生きるのかという哲学的なことを考えすぎて、自ら命を絶ってしまう人もいましたが、そういうひ弱な人間と水木はまったくちがいました。水木の好きなゲーテの言葉は、とても健康的だと思いました。

水木はまた、私に「聖書を読め」ともいいました。聖書を読むと、欧米人の考え方がわかるし、話自体がおもしろいというのです。聖書も戦争に行く前に読んだのだそうです。

そして、ラバウルで現地人と仲良くなれたのも、聖書を読んでいたおかげだともいいました。ラバウルでマラリアにかかり、高熱にうなされているときに、空襲にあい、水木は左腕を失ったのですが、その傷口がふさがると、水木は近くの現地人の集落に出かけ、そこに住む人たちと仲良くなり、食べ物もわけてもらうようになったのです。

「大事なのは笑顔だ！　こっちが笑えば、向こうもにこっと笑う。それがいちばん大事なんだ」

水木は元来子どもみたいな人ですから、笑顔も子どもみたいで、それが現地人にも通じたのでしょう。そしてラバウルの現地の人の住む村で水木は、宣教師が持ち込んだらしい聖書を見つけたのだそうです。もちろんアルファベットで書いてある聖書です。

そこで、水木はその聖書を大声でローマ字読みしてみせたとか。その箇所にやたらパウロという名前が出てきたので、それから水木は現地の人に「パウロ」と呼ばれるようになり、さらに仲良くなったのだそうです。

「それで、より信用されたわけだ」

そういうときの水木はちょっと得意そうでした。でも、聖書を愛読していたからといって、とくにキリスト教に魅かれていたとか、クリスチャンになりたいなどと思っていたわけではありません。水木は聖書だけではなく、仏教の本もたくさん読んでいました。人が生きることの意味を考えるために、とにかくあらゆる本を読んでいて、それらが水木の考え方にちゃんと根ざしていたのです。

また、ときおり、水木は戦争時代のことも話してくれました。

「戦争に行く前に手相を調べたら、生命線が長かったので、〝オレは大丈夫。死なないな〟と思ったんだが、パラオに行く船の中で手を見たら、生命線が切れてしまっているんだ」

「まぁ、そんなこと、あるんですか？」

「あるんだよ。手相は変わるんだ。とぎれてしまうこともあるんだな。そのとき〝オレは戦争で死ぬかもしれん〟と思ったよ」

そこで水木は、家族や親戚から、山ほどもらったお守りをすべて、門司からパラオに行く船から海に捨てたといいます。こんなにたくさんの神様に頼んだら、神様同士が喧嘩をしてしまうのではないかと考えたからだそうです。

「ひとつくらいお守りを残したらよかったのに」

と、私がいうと、

「そんなことをしたら、他の神様が怒る。だからきれいさっぱり海に流すしかなかったんだ。おかげで、生き残った」

と、自慢げにいいました。

水木が派兵されたラバウルでは、日本軍は終戦まで完全に孤立し、東部ニューギニア戦線では、約一三万人もの日本兵が死亡しています。水木が属していた部隊も全滅しました。その中で、左腕を失ったとはいえ、水木の命が助かり、日本に戻ってこられたのは、まさに奇跡です。それも、お守りを全部、海に流したおかげなのでしょうか。

「人間が生きているということは、自分の力以外にどんなものの力が作用しているか知れない。自分の意思以外のさまざまな要素が自分を生かしてくれている。軍隊生活でそれがわかった」

水木はいまでも、ときおり戦争の話になると、そうくり返します。たしかに、水木が生き残れたのは、水木以外の力によるところ、つまり「幸運」が大きくものをいったのでしょうが、私には、それ以前に、まず水木が生きることに対するものすごい執念(しゅうねん)を持っていたからこそではないかと思えてなりません。

戦争体験を持ち出すまでもなく、水木は「なんとしても生き抜く」という思いが、とても強い人間だと、私は身近にいて痛感しています。眠ることに対する強い執着も、食べることに対する欲求も、水木の生きる執念のあらわれのように感じます。

後年、「水木サンには強力な守護霊がついている」なんていっていましたが、それだって、その守護霊なるものは、自分の強い意志の中にいると信じているはずです。だって水木は、「つまるところ、妖怪とは人の心の中にいる」と、自著の中でさらりと書いているのですから。

お守りを全部流したのも、本当は「神様の喧嘩」なんかが理由じゃありません。自分の「生きる意志」こそが、自分を守ってくれると信じていたからだと思います。そういえば、水木の愛読していた聖書には、こうあるというではありませんか。

「神は自ら助くる者を助く」と。

貧乏から生まれた得意料理

そんな水木ですから、どんなに貧乏でお金がなくとも、食べることには貪欲でした。私は、台所で工夫に工夫を重ねたものです。キャベツやハクサイは外側の葉も芯も食べました。ニンジンは皮まで食べました。パン屋さんからパンの耳だけを買ってくることもありました。畑でとれた野菜を、その場で安く譲ってもらうこともありました。

「パンの耳は歯ごたえがあってうまいな」

「野菜は皮まで食べたほうが栄養があるんだ」

水木は、食卓に出したものは何でもぺろりと食べてくれました。本当は牛肉が好きで、朝からでも食べたいという人なのですが、当時のわが家の経済状態では、肉なんて、ほんのちょっとの細切れの肉かひき肉を夕食に出すのがせいぜいでした。そこで知恵をしぼっているうちに、私の得意料理が生まれました。「ロールキャベツ」です。玉ねぎなどを加えたひき肉をキャベツの葉で包んでとろとろまで煮込み、コンソメのキューブとウスターソースとケチャップで味をつけたロールキャベツは、水木はもちろん、後に境港から出てきて同居するようになった義父も大好きで、「おいしい、おいしい」と食べてくれました。食べ終わると義父はいつも「上等でした」とほめてくれました。

腐りかけのバナナのおいしさ

ある日、水木が喜色満面（きしょくまんめん）で帰ってきました。新聞紙に包まれたものを右手に抱えていました。

「バナナを買ってきた」

「ええーっ。なんでまた。どこにそんなお金、あったんですか」

いまとはちがい、バナナは当時、高級品中の高級品でした。

でも、水木が取り出したバナナは黄色ではなく茶色。調布駅前にある果物屋さんがもう売り物にはならないからと、一山一〇〇円で売ってくれたのだそうです。

「売り物にならないようなものを食べて大丈夫なの？」

「これがうまいんだ。腐りかけているものがいちばんうまいんだ」

「茶色になっているけど」

「中はまだ上等だ」

ラバウルで現地の人と仲良くなり、さんざんバナナを食べてきた水木がそういうのだからまちがいないだろうと思いました。それに、ひもじくて、多少、腐っていても食べたいという気持ちもありました。

水木が右手だけでも食べやすいように、皮をむいてバナナを渡すと、パクパクパクッと三口くらいで一本食べてしまいました。いかにもおいしそうに食べるのです。また皮をむいて渡すと、またパクパクパク。

「おまえも食えやい」

それで私も食べると、少し発酵したような味と匂いがしたものの、南方の香りと、ねっとりとした甘みが口いっぱいに広がりました。

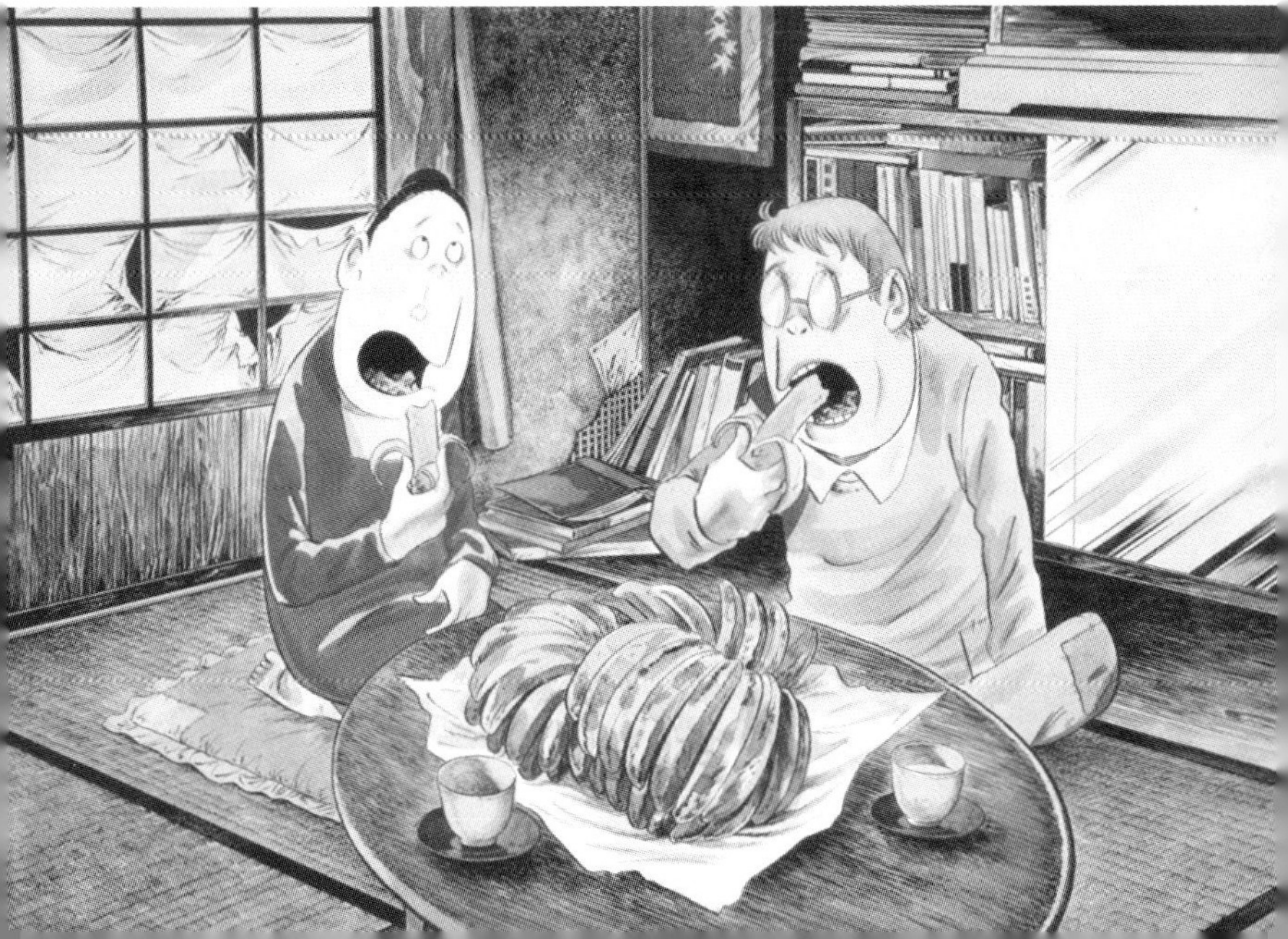

「おいしい……」

「……これでよかったら、また買って来てやる」

「おなかもふくれるし……甘いし……また食べたいですね！」

「うまい。これが安くなっているなんて、神の助けだな」

「本当に」

ふたりで夢中になってむしゃむしゃ食べました。

このエピソードは「腐ったバナナを食べた」と一部にまちがえられて伝わっているのですが、本当は「腐る直前のバナナを食べた」というのが正確なところです。

しかし、浦和(うらわ)に住む姉の家に遊びに行ったときに、そうした暮らしをしていることを伝えると、姉は心底驚いて、「話がちがう。しげぇさんを少し、こらしめたほうがいい」といって、しばらく浦和に滞在するようにといいました。

私には水木と別れるつもりなどありませんでしたが、あまりに生活が苦しく、疲れ果てていました。そこで少し姉のところで休ませてもらうつもりで、滞在することにしました。

「シバラク　コチラデ　スゴス」

わが家にはまだ電話がなかったので、電報を打ちました。

するとはたして数日後、大きなスイカを手にぶらさげた水木が姉の家に私を迎えに来てくれたのです。スイカを姉に渡し、「お世話になりました」といい、私に向かって「おい、帰ろう」とボソリといいました。

水木はスイカひとつで、私を連れて帰りました。ふたりきりでの帰り道でも、水木は何もいいませんでした。私は、水木が心配してくれたのかと、ちょっぴりうれしかったことを覚えています。

境港の義父母

境港に住む義母は筆まめで、いつも、長い手紙を書いてよこしました。

「睡眠不足はいけないので、茂（しげる）をよく休ませてほしい」

「東京は野菜が高いそうだが、ちゃんと食べさせているか」

「無理して起きて仕事をするために、変なクスリを飲んではいないか」

「野菜をしっかり洗わないと、寄生虫の卵がついていたりするので、野菜は必ず洗剤で洗うように」

などなど、水木の健康を気づかう文面がずらりと並んでいました。

たまには、義父から手紙をもらうこともありました。義父は手紙の中で、義母を衛生博士と呼び、ユーモアたっぷりに「うちの衛生博士の手紙は面倒だろうが、読んでやってくれ」と書いてあったりしました。用件をぎっちり書き連ねる義母の手紙と義父の手紙は対照的でした。

ちなみに、水木がひとり暮らしをしているときも、義母からはしょっちゅう手紙が来ていたそうです。それで水木が返事を書かないでいると、心配してまた長い手紙が来るので、水木は義母から手紙を受け取るとあわててはがきに「元気でいる。心配いらない」といったような二行の文面だけを書いて、返信していたとか。

手紙からもわかるように、義父と義母の性格はまるっきりちがっていました。子どものころ、水木は義父に「イトツ」とあだ名をつけたそうです。なぜなら、胃が強いから。水木のなんでもおいしそうに食べるところは、イトツこと義父に似たのだろうと思います。

義父は、早稲田大学を卒業しました。境港ではじめて、東京の大学に行った人だという噂もありました。おそらく、町でも期待されたインテリだったのでしょう。でも、お金儲けには全然、むいていなかったようです。

義父は趣味人で、とにかく歌舞伎や映画や芝居が大好きだったのです。大学卒業後、商売をはじめたものの失敗をして、大金を失い、それから大阪の会社に勤めたそうですが、そこも会社をサボって映画を見たのがバレてクビになったとか。それで、境港に戻ってきて銀行に勤めたのですが、それもサボりが原因でクビに。その後、神戸に出て行き、生命保険会社で働いたり、映画館を経営したりしたそうです。

水木は子どものころ、義父から油絵の道具を買ってもらったということを、とても感謝していました。境港で、そんなぜいたく品を買ってもらう子どもはいなかったそうです。水木の芸術的センスを義父は伸ばしてやりたいと思い、そんな思い切ったことをしたのでしょう。

私と一緒になったころ、水木は、芝居好きな義父に、新聞の芝居評なんかを切り抜いてまめに境港に送っていました。義父はそれを大変喜んでいたようです。ほんとうは小説家になりたかったのだと、後になって義父から聞かされました。

実際、東京で同居するようになってから、義父はしょっちゅう、ひとりで歌舞伎(かぶき)や文楽(ぶんらく)をみに行っていました。自分のみた芝居の筋書きやら、俳優の演技について話すときには、とてもうれしそうにしていました。自分で何か書いたりもしていたようです。

水木が台湾に行ったとき、占い師に「いまの財産は親から受けついだものではありませんね」といわれたということを、義父にいうと、うんうんとうなずいて、何のこだわりもなく、「当たっちょうなぁ」と飄々と笑う人でもありました。

もし義母に同じことをいったら、こちらはプライドを傷つけられたと不機嫌(ふきげん)になったかもしれません。

義母が義父と結婚したころ、武良(むら)家はそれなりに裕福で、義母の実家もいい暮らしをしていたそうです。

本を読んだり新聞を読んだりするのが、好きな義母でした。弁もたつ人で、ときどき、私たちがハラハラするくらいの勢いで、義父を叱り飛ばしてもいました。とてもしっかりものの義母でしたから、義父の仕事がことごとくうまくいかず、生活が安定しなかったことに対して、長い間憤っていたのかもしれません。

義父が怪しい儲け話に乗ったりすると、義母がそこにどなり込んでいって解約させたなんて話も聞いたことがありました。

晩年、義母は車椅子の生活になったのですが、車椅子でホテルに食事に行ったときに、外国人からなぜか話しかけられました。すると突然、車椅子からピョンと立ち上がり、いきなり「ハウ・ドゥー・ユー・ドゥ」といって、右手をぱっと差し出し、握手をしたのです。あれには驚きました。立った、英語をしゃべった、握手をしたと、水木はもちろん、私たちみんなの目が文字どおり、点になりました。義母の英語は、戦後、進駐軍の通訳もしていた義父から習ったものだそうです。晩年まで肝が据わった気丈な女性でした。

水木は、戦争が終わって家族が再会したときに、左腕がない自分の姿を突然、見てびっくりさせてはいけないと、腕のない姿をはがきに描いて送ったそうです。そのとき義母は驚き嘆くだけでなく、左腕がない生活がどれほど不便なものか、息子はどんな思いで暮らしているのかを知りたくて、一週間、左腕を三角巾で吊ったままにして、右手だけで何もかもやってみたことがあったそうです。それほど息子に対する愛情が深かったのです。

そんな義母に私もときどき叱られることがありました。そういうときには、ぴしゃりと鞭打つような言葉が飛んできました。

でも義母にしてみれば、自分が大切に育ててきた息子が、食うや食わずの暮らしを続けていたことが、心配で仕方がなかったのでしょう。自分たちも決して裕福ではなかったために、援助してやることもできず、ましてや、戦争で左腕を失った息子に「もっとしっかりしなさい」などと、厳しく叱咤激励をするのはあまりにかわいそうだ、ということで、嫁の私に対して発散することもあったのではないかしら。いまになってそう思います。

われわれの生活がキサマらにわかるか！

税務署の人が「中告所得が少なすぎるのではないか」とやってきたのはこのころでした。本人たちのほうが一生懸命働いて、これっぽっちの収入しかないなんて、この世の中がおかしいと思っているのに、税務署の人たちの口のきき方は、まるで私たちがズルをしていると決めつけているように聞こえました。本当にやりきれない気持ちになりました。

「正直に申告しています。これだけしか所得がないんです」

「所得がないといったって、生きている以上は食べているでしょう」

「なんとか」

「だからいっているんだよ。これじゃ、あんたたち家族が食べていられる所得じゃないでしょう」

「それでやっているんです」

「だから、他に収入があるんじゃないかって、聞いているんだ」

そんな収入しかないから、餓死しないように四苦八苦しているのです。それをいっても、相手には伝わりません。

やがて水木はだまり込んでしまいました。顔が真っ赤に紅潮していました。水木は大きく息をすい込むと、肩をいからせて、大声で一喝しました。

「われわれの生活がキサマらにわかるか！」

そして、水木はすかさず、質屋の赤札の束を税務署員の前にグイッと突き出しました。これには税務署員も唖然としたらしく、早々に退散していきました。質屋の赤札の厚さが三センチにも達していたからです。

電気料金が払えず、電気を止められたこともありました。そんなときでも、水木はロウソクを灯して、マンガを描き続けました。

「私は産みますけん！」

このままでは生活の展望が見えないと、私もいよいよ追い詰められた気持ちになっていました。そこで私も働きに出ようと思いました。でも、外で働いたことがないので、どうしていいかわからず、浦和の姉に相談し、姉の夫の会社で雇ってもらえないかと頼むことにしました。

「すぐには決められんから、連絡を待ってね」

心配してわが家の近所まで来てくれた姉にそういわれ、力になってくれそうだと期待を抱きました。働き口が見つかれば、多少は暮らし向きもラクになるかもしれません。そのとき、姉は西調布の駅前のすし屋さんでごちそうしてくれたのですが、なぜか私の胃がムカムカッとして、好物のおすしが喉をとおりません。それまでなんともなかったのに、喉に栓をしたみたいに、ピタッとものが食べられなくなってしまったのです。

翌朝、ごはんが炊きあがるときの匂いをかぐと、またムカムカがぶり返しました。

「医者に行ってみたら」と兄嫁にすすめられて、病院に行くと、驚いたことに「おめでたですね。予定日は来年の一月初旬です」といわれました。

私は子どもが好きですし、結婚したのだから自分の子どもがほしいとは思っていました。でも極貧といってもいいほどの暮らしです。やはり不安でたまりません。

子どもが生まれたら、さらにお金がかかります。本当に子どもに食べさせていけるだろうか。その余裕をどこから生み出せばいいのか。見当がつきません。

家に帰って水木に「おめでたのようよ」というと、水木はハッと顔をあげて、私を見つめ、そのままだまり込んでしまいました。水木も不安だったんでしょう。いまでも苦しい生活なのに、食い扶持が増えるのですから。

しばらくして水木は真顔でいいました。

「おまえ、子どもは大変だぞ」

そして西宮時代のときのことを話しはじめました。西宮で兄家族と同居したときに、小さな甥がよく泣いて大変だったというのです。カンの強い子だったのでしょう。火がついたように泣き出すと、大人は手も足も出なかったとか。

「おれは、子育ての大変さを実感しとる。おまえには、それがわかっとらん」

「大丈夫よ。私だって、子だくさんの家に育ったんだから。妹や弟、甥っ子の世話だってしたことがあるもん。わかってます」

「その上、うちは貧乏だ」

「いくら貧乏だって、なんとかなーわね。それに、私もお父ちゃんも年をとっていて、この先、また授かるかどうかわからんもん。せっかく授かったもんだから、私は産みますけん！」

私がキッパリいい切ると、水木は、だまってうなずきました。

私はその日、もち米ではなく、普通の米に小豆を入れて炊きました。もち米が買えなくても、ささやかなお祝いの気持ちをかたちにしたかったからです。

妊娠中の睡眠薬でひと騒動

水木には「大丈夫」と胸をはったものの、内心は心配でたまりませんでした。あてにしていた姉の夫の会社への就職は、これで立ち消えになりました。

夫婦だけでも、米びつの底が見えることがしょっちゅうなのに、本当に子どもを食べさせていけるかしら。暮らしが楽になる日が来るかしら。考えはじめると、眠れなくなってしまう夜さえありました。

ずっと先に床に入ったはずの私が、水木が仕事を終えて布団に入る真夜中になっても何度も寝返りをくり返していると、水木が睡眠薬をくれることもありました。

それを浦和の姉に話したら、烈火のごとく怒り出しました。

「あなたたちって人は！　新聞を読んじょらんの？　テレビを見ちょらんの？」

「テレビなんて持っちょらんけん。新聞だって、お金がなくて、いま、やめとるもの」

「その睡眠薬、すぐにやめなさい！」

「でも、安全な睡眠薬だって……」

「いま、サリドマイド被害のことが世間で問題になってるの！　その原因が、安全だといわれた睡眠薬だよ！　今日、いまから、医者にその薬を持って相談に行きなさいや！　それから新聞ぐらいとったら!?　ラジオはどうした？　ラジオぐらい持っちょーでしょうが」

「ラジオなら持っちょーけど……質屋にあずけてしまったけん」

わが家は、情報からすっかり取り残されていたのです。幸い、その睡眠薬はサリドマイド系のものではなかったのですが、自分たちが世間で起きていることを知らなかったために新しい命を危険にさらすところだったのが情けなくてたまらず、私はがっくりと落ち込んでしまいました。

水木はこんな貧しい状態でも、わが家だけでなく、両親や兄家族のことまで考えており、わが家のことより、そちらを優先させていました。たとえば、テレビや扇風機を買うにしても、両親と義兄のところが先で、わが家は後でした。

「お父ちゃん、うちでも新聞くらい、とれるようにならんとね」

「そうだな」

「ラジオも、早く質屋から戻さんとね」

「そうだな」

でも、まったく展望は見えませんでした。

臨月までは順調だったのですが、一二月に入ってすぐ、検査で蛋白(たんぱく)が出てしまい、私は妊娠中毒症になってしまいました。塩は厳禁だというので、減塩食にして、何にでもお酢をかけて食べました。また、週に一度、通院することになりました。

クリスマス・イブに長女誕生

一二月二四日は、診察(しんさつ)日でした。おなかは大きくなっていましたし、むくみも少し出ていたのですが、タクシーを呼ぶお金もないので、歩いて家から離れた病院まで行かなくてはなりません。朝、九時ごろ、まだ寝ていた水木に「病院に行ってきます」と耳打ちしました。明け方まで仕事をしていて、寝付いたばかりの水木は、「わかった。気をつけて行ってこい」といい、また目を閉じました。

ところが、しばらく歩いていると、後ろから声が聞こえました。自転車で、さっきまで寝ていたはずの水木が私を追いかけてきたのです。

「どうしたの？　何かあったの？」

「いや、送ってやる」

「眠ってないのに、大丈夫なの？　無理しないでね」

「今日は、病院まで送るから」

こんなことははじめてでした。

すると、病院で「生まれる気配がある」といわれ、そのまま入院。夜に長女・尚子が生まれました。あの日、水木は予感みたいなものを感じたのでしょうか。

さて、尚子は三一〇〇グラムの元気な赤ちゃんでした。顔がぷっくりとしていて、水木似でした。そして、おっぱいさえ飲めばすやすや寝ている、本当に手のかからない赤ちゃんでした。

私は産着やおしめをすべて手づくりし、風呂敷に包んで家に用意してありました。その風呂敷包みを水木が病院に届けに来てくれました。

退院の日、水木は部屋をあったかくしていてくれました。お金がないので、ふだんは暖房費も極力、倹約していて、部屋が寒いのはあたりまえだったのですが、水木は赤ん坊が寒がったら大変だと思ったのでしょう。朝から石油ストーブをつけて、部屋をほっこりとあたためてくれていたのです。

「しげぇさんが、あんなに興奮するのをはじめて見た」

水木のその様子を見ていた兄嫁がわざわざそういって教えてくれたくらいですから、水木は本当に尚子の誕生がうれしかったのでしょう。

生活の不安が消えたわけではありませんでしたが、新しい命の誕生とは、すばらしい喜びを与えてくれるものなんだなぁと、私も改めて感じました。

粉ミルク代が払えない……！

うちの母も姉たちも、おっぱいがよく出たそうで、私もそうだったのですが、尚子を産んだ病院ではアメリカ式の育児を提唱していました。母乳よりミルクのほうがいいという指導を行っていたのです。そして私の母乳が出るのに、「母乳はやめて、ミルクを飲ませなさい」と指導をされました。

昭和三〇年代半ば（一九六〇年代はじめ）ごろは、母親が赤ん坊に添い寝をしたり、泣いたらすぐにお乳をやるというようないままでの日本の子育てを古いものと考え、アメリカ式がすぐれていると考えられていたのです。

決められた時間に母乳ではなくミルクを決められた分量だけ、きっちり与えるのが、子どもにとってもいい。抱きぐせがつかないよう泣いても抱っこしてはいけない。そんな「アメリカ式」が最新の育児法だとされれていたのです。

もともと私は母乳がたっぷり出たわけですから、どんどん尚子に飲ませれば十分それで間に合ったはずなのですが、ミルクを主体にしたために、やがて母乳も出なくなってしまいました。そこで出てきたのが、粉ミルク代金をどうするかという問題でした。

そのころ、物価は上がる一方でした。世の中はだんだん景気がよくなってきて、街には、ザ・ピーナッツの「ふりむかないで」や橋幸夫と吉永小百合のデュエット「いつでも夢を」、植木等の「ハイそれまでョ」、石原裕次郎の「赤いハンカチ」など明るい音楽が流れていて、豊かな暮らしをする人も増えはじめていたのです。

ところが貸本マンガ業界はというと、さらに厳しさを増し、原稿料は下がる一方でした。現金ではなく半年後に現金化される約束手形を渡されたり、まったくの不払いなんてことも日常茶飯事になっていて、とにかく壊滅的な状態でした。

尚子の産着は、ネルを一メートル買って来て、私が手づくりをしました。端切れを使ってロンパースをつくったり、タオルにスナップをつけてエプロンにしたりして、洋服もつくりました。水木の古いセーターをほどいて、帽子やおくるみもつくってやりました。

でも、ある日、ミルクを買わなくてはならないのに、わが家に現金がまったくないという事態になってしまいました。

「これで買ってこい」

水木が私に手渡したのは、約束手形でした。

「こんなもので、買えるの？　お金に換えられるのは、三ヶ月後なのに」

「これしかない。だから、これで薬屋に頼め」

でも、買えませんでした。逆に薬局の人に頭をさげられてしまいました。

「おくさん、これは勘弁（かんべん）してください」

「どうしてもダメですか？」

「約束手形でやり取りはできないんです」

「何とか、お願いできませんか。子どもがいるんです」

「決まりなんです。約束手形でものの売り買いはできないと」

「……どうしよう」

「こちらも辛いんです……すみません」

恥ずかしさとみじめさで顔から火が出そうでした。いちばん恐れていた、子どものミルク代にもことかく状況になってしまったのです。

質屋にいれるものも尽きてしまい、水木の靴まで質屋に入れました。靴がないので、水木はゲタを履いて歩くようになりました。私が親から結婚のときにもらった着物を質屋にいれたのもこのときでした。

そして、ついに、水木の作品をずっと出し続けてきた兎月(とげつ)書房が倒産しました。二〇万円ほどあった不払いの原稿料はパーになってしまいました。また、振り出された約束手形もただの紙屑(かみくず)になってしまいました。

苦闘する水木の分身『悪魔くん』

兎月書房の仕事がなくなって、さらに暮らしは追い詰められていきました。水木は、他の出版社をいくつか訪問して作品を買ってくれないかと頼んで回ったのですが、いい返事はひとつももらえなかったようです。

ゲタを鳴らして出かけて行って、肩をおとして帰って来る水木の姿を見ると、「どうでした？」と聞くのもはばかられるような感じでした。当時、水木の作品は人気がなく、出版社の中でも、水木しげるの作品は売れないという評判がたってしまっていました。水木しげるの名前ではダメだといわれて、別のペンネームで作品を出したこともあったほどでした。

「いよいよだめなら、ポスター描きにでもなるか……」

水木が弱音をはいたのを、このときはじめて聞きました。それほど先の見えないすさまじい貧乏の日々でした。

そんなときに出会ったのが、東考社の桜井昌一さんでした。桜井さんの出版社のために、水木が描いた長編が『悪魔くん』。天才的頭脳を持った少年・松下一郎が悪魔くんで、全人類が幸せに生きられる世界を築くために、悪魔を召喚しようとし、そして十二使徒とともに革命を目指す物語です。

しかし、これも人気は出ませんでした。最初は全五巻の構想だったのですが、人気が振るわず三巻で完結してしまったのです。

でも、桜井さんは、こういってくれました。

「水木さん、これはすごい作品ですよ。すさまじいエネルギーがこの作品にはこめられている。筆致も内容もすばらしい。売れないからといって、気に病むことはありません」

水木にだけでなく、私にもそう話し、いつも励ましてくれました。桜井さんだって、崖っぷちの会社経営で苦労が絶えないというのに、本当に親身になってくれたのです。彼の励ましがどれほど、水木と私に力を与えてくれたか、わかりません。桜井さんとはお互いお金のない時代に惨めさを分かち合った同士ということもあり、水木にとっても私にとっても、最も親しみを感じる人物です。

実はこの桜井さん、「眼鏡出っ歯」や「サラリーマン山田」などという名で登場するキャラクターのモデル。いまでも定番キャラとして、水木マンガにしばしば登場してくれています。

桜井さんの言葉が本当だったことは、後になってわかりました。水木の人気シリーズは、この当時にすべて原型が生まれていたからです。もちろん、当時はそんなことを知る由もなく、描いても描いてもあたらず、底なし沼にのみ込まれているような状態だったのですけれど。

貸本マンガ版の『悪魔くん』を改めて読むと、不遇な時代を必死で生きていた水木の思いが伝わってくるような気がします。救世主であるはずの悪魔くんが、これでもかというほど、後から後から苦い思いをなめさせられる受難の物語の中に、「売れないマンガ家」というレッテルをはられ、心血を注いだ作品はまったく認められず、暮らしも立ち行かなかった時代の水木の忸怩たる思いがこもっているように感じるのです。

水木が『悪魔くん』を描いた昭和三八（一九六三）年の一月に、国産初の長編テレビアニメ『鉄腕アトム』の放映がはじまりました。また昭和三四（一九五九）年の三月に同時創刊した「少年マガジン」と「少年サンデー」がぐんぐん部数を伸ばしていました。貸本マンガや月刊マンガ誌から、すでにマンガ週刊誌とテレビアニメの時代に突入していたのです。

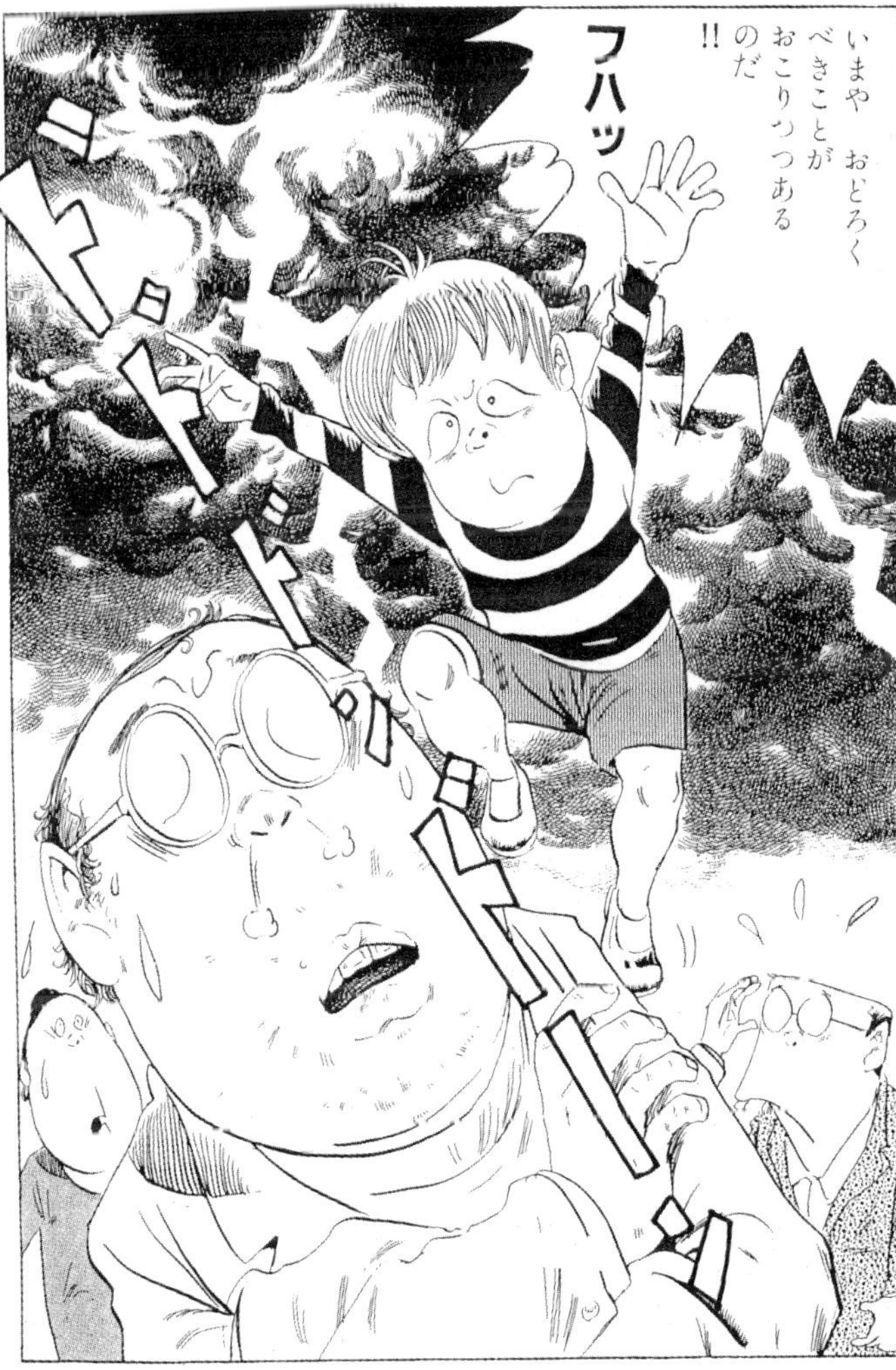

水木しげる作『ボクの一生はゲゲゲの楽園だ』（講談社刊）より。貸本版『悪魔くん』を描いていたころの水木。左には著者、右には水木マンガの定番キャラ「眼鏡出っ歯」「サラリーマン山田」のモデルとなった東考社の桜井昌一氏が描かれている。

夫婦で連合艦隊再建!?

水木が、当時、仕事以外で熱中していたのは、「模型による連合艦隊の再建計画」でした。書店で水木は偶然、軍艦の本を手にとってしまい、それで突然、自分の手で、旧日本海軍の連合艦隊をつくろうと思い立ったのです。

境港の、それも境水道に面した家の生まれで、朝に夕に海を見て育った水木は、船が好きだったのだろうと思います。それから五歳のときに、海軍の駆逐艦「樅」が境港に入ってきて、同艦の兵曹長にすごくかわいがられたことがあったとも聞きました。

「大砲にぶらさがらせてもらったり、食堂で水兵と食事をさせてもらったり、海軍さんもよくうちに来るようになって、明日は出港という日に、その海軍さんがオレを養子にしたいといって、頼みに来たんだ」

「お父ちゃんを養子に?」

「うん。イカル（母）が断ったら、その人はがっかりしてた」

軍艦の本で、その「樅」を見つけたとたんに、水木の連合艦隊再建構想がスタートしたらしいのです。わずかばかりの原稿料が入ると、水木は、模型屋さんで、一〇〇〇分の一の部品を買いに行くようになりました。売っていない部品は自分で木を削ったり針金を切ったりしてつくりました。

はじめは、ミルク代にもこと欠くというのに、そんなオモチャの材料にお金を使うなんてバカげていると思い、水木にやめてくれるよう頼んだりもしましたが、こうと決めると水木は何をいっても聞いてはくれません。それに水木は、バクチをするわけでもなく、お酒を飲んで憂さ晴らしをしたりするわけでもありません。これくらいの気晴らしは仕方がないだろうと思う気持ちも私の中にありました。

右手だけでの模型づくりはとても大変でした。部品と部品を接着するときなど、水木ひとりでは、どうしてもうまくできないので、すぐに私も連合艦隊づくりにかり出されるようになりました。尚子を傍らに寝かしながら、裸電球の下で、夫婦でせっせと船体をつくる夜が続きました。

尚子はおなかさえ足りていれば、本当によく眠る子どもでした。離乳食がはじまってもそれは続き、食事を終えた尚子の額を水木が指でちょんとつっつくと、そのまま目を閉じて、コトンと床に倒れ、すうすう眠ってしまうこともよくありました。子どもが生まれたら、泣き声がやかましくて仕事ができないのではないかという心配は、ありがたいことに、杞憂に終わってくれたわけです。

さて、船の形ができあがれば、ペンキやニスを塗り、さらに旗などの飾りをつけていく作業が待っていました。私も、手先の仕事が好きだったので夢中でやりました。

ところが大和、武蔵、陸奥、長門……など、ずいぶんつくったところで、水木が「もうこれは廃艦にする！」といったので、私はびっくりしました。

なんでも、模型屋さんの店頭に七〇〇分の一のプラモデルが並んでいたのを見たのだそうです。それは、手づくりで私たちがつくってきたものよりずっと精巧で迫力があり、感激したとか。それでそちらに変更したいとのことでした。

「せっかくここまでつくったのに、また一からやり直すなんて……」

「いや、せっかくつくるからこそ、つくり直さないと」

「ここまでお金もそれなりにかかったのに……」

気乗りがしない私を、水木はその模型屋さんの店頭まで連れて行きました。

「ほら、これだ。いいだろ！」

「まぁ」

水木がいうように、たしかに、私たちがつくったものよりもはるかに精巧で存在感がありました。私も軍艦の模型づくりに、いまの言葉でいうなら、かなりはまっていたのでしょう。思わず、つぶやいていました。

「すごい！」

「そうだろ」

「ここまでは私たち、つくれんね」

「うむ、どうやっても、いまのものではつくれん。だから、こっちに乗り換えんか」

実際、手づくりで連合艦隊の全艦艇をつくるということには、私も限界を感じていました。何しろ駆逐艦などは同じ形のものがたくさんあって、それをまったく同じ仕上がりにすることがとてもむずかしく、苦労に苦労を重ねていましたから。

そこで夫婦で、大決心をして、新たに七〇〇分の一のプラモデルによる連合艦隊再建に、一からとりかかりました。

赤貧の中で、よくそんなことをしたもんだといわれてしまいそうですが、水木も私も、軍艦の模型づくりをしている間だけは、貧しくて厳しい生活のこともお金の算段も忘れ、熱中しました。

「この部品をここにとりつけて……そうだ、それだ」

「そこの色はこの赤だ！」

「それでええ。うまくいった！」

無邪気な顔で一生懸命になっている水木と一緒にいるのも、楽しくてたまりませんでした。

このときにつくった連合艦隊のプラモデルはいまも自宅につくった小さなギャラリーに。一部は境港の「水木しげる記念館」に展示されています。私の思い出もいっぱいつまっています。

連合艦隊の再建以外に、もうひとつ、このころの水木が熱中していることがありました。それは墓場巡り。家から自転車で少し行ったところにある、多磨霊園がお気に入りで、漫画を描くネタが詰まったりすると、ふらっと出かけてしまうのです。いったい、墓場の何がおもしろいのか、私にはさっぱりわかりませんでした。

でも、それから数年後、多磨霊園に夜中、自転車で行った水木がなかなか帰ってこないことがありました。朝の六時くらいでしょうか、水木が「ひどいめにあった」といって疲れ切った顔で玄関から戻ってきました。午前一時くらいに、多磨霊園を通ったら、ペダルをこいでもこいでも、出口に着かなかったというのです。

「そのうち、背筋がぞーっとしてきて、朝に死骸となって発見されるんじゃないかと思ったよ……」

結局、朝日がのぼり、あたりの風景が見えるようになって、ようやく道がわかり、家にたどり着いたのだとか。

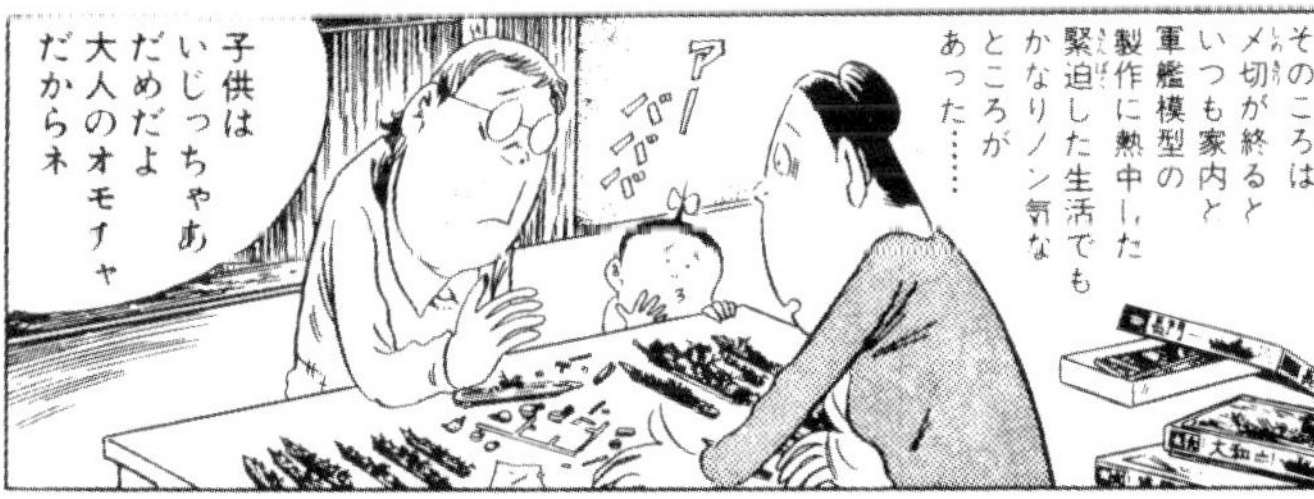

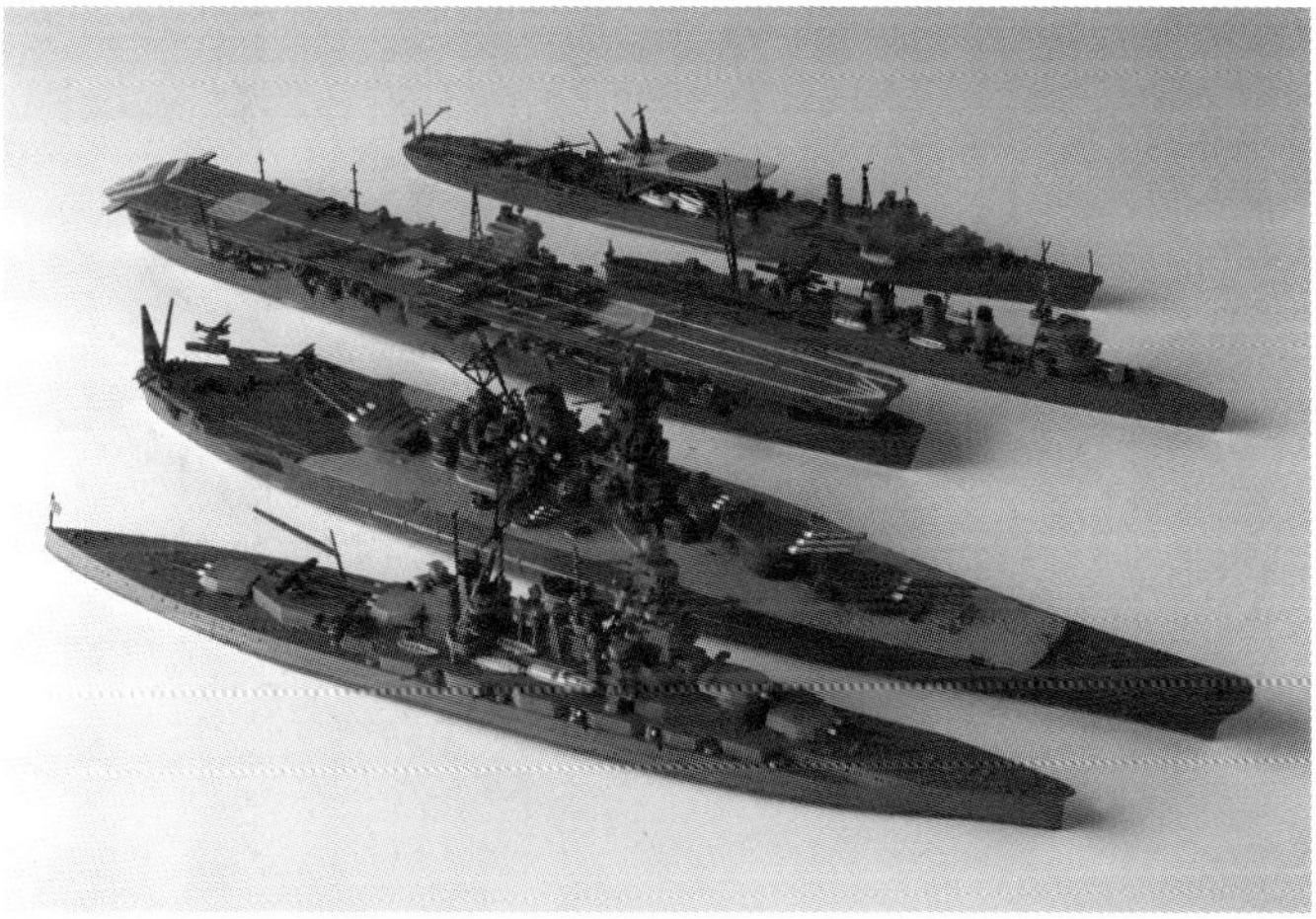

上／水木しげる作『ボクの一生はゲゲゲの楽園だ』（講談社刊）より。
下／水木夫妻がつくった軍艦プラモデルの一部。境港の水木しげる記念館に展示されているもの。

四章

来るべきときが来た！

「月刊ガロ」の連作が注目を浴びる

かつて三洋社という貸本出版社を経営していて、『鬼太郎夜話』という『墓場鬼太郎』の続編にあたる作品を刊行してくれた長井勝一さんから連絡があったのは、昭和三八（一九六三）年のことでした。長井さんは数年前に体調を崩して、ずっと療養していたのですが、復帰して青林堂という出版社をつくり、白土三平さんを中心にした月刊貸本マンガ誌「忍法秘話」を創刊したのだそうです。

長井さんはおみやげの草加煎餅を持って、わが家に訪ねてくると、水木に作品を依頼してくれました。その雑誌に最初に載った作品が『忍者無芸帳』でした。

その原稿料が一ページあたり、三〇〇円で、そのとおりの額を、気持ちよくちゃんと現金で払ってくれたのを覚えています。ああ、これでひと息つけるとホッとしました。翌昭和三九（一九六四）年、やはり長井さんのところから、「月刊ガロ」という月刊マンガ雑誌が創刊されると、そこからも続けて注文が来ました。

「ガロ」は貸本ではなく、書店で売られる歴（れっき）とした「雑誌」でした。水木はついに雑誌マンガ家としてデビューすることになったのです。

「今度はページ五〇〇〇円だそうだ」

「え、そんなに？」

「うん、五〇〇〇円！」

「いいんですか？　そんなに出して、長井さん、大丈夫なんですか？」

「大丈夫なんだろう。くれるというんだから、もらっておけ」

まじめな顔で首をひねった水木の目が優しく笑っていました。いまから考えれば、ずいぶん安い原稿料だったわけですが、なんせ当時は一〇〇〇円あれば、何日も食事ができると、ありがたく思っていた時期でした。

「月刊ガロ」は、もっぱらマンガマニアの大学生などが買う、ちょっと特別な雑誌として人気があり、『不老不死の術』『勲章』などが立て続けに掲載されると、水木の作品も注目されるようになりました。極貧から脱出する糸口がようやく見えたような気がしました。

「ガロ」といえば、長井さんに加えてもうひとり、同誌の編集者をしていた南伸坊（みなみしんぼう）さんのことも忘れられません。時間的にはかなり後になりますが、昭和四五（一九七〇）年に水木の連載『星をつかみそこねる男』を南さんが担当したときに、何度かわが家にやって来られました。

当時はジーパンをはいている青年でした。私は南さんがはじめてわが家を訪れたときのことははっきりと覚えています。頭が大きくて、三角で、それに小さな目鼻がついていてかわいくて、まるでおにぎりみたいな、一度見たら絶対に忘れられない顔をしている青年でしたから。失礼だとは思いましたが、ひと目彼を見たとき、私は笑いが止まらなくなってしまったのです。その後、南さんはおにぎり顔の自分のイラストで有名になりましたが、そのイラストを見たら、あまりにそっくりで、また笑いが止まらなくなったりしました。後に南さんはデザイナー、イラストレーター、エッセイストとして非常に有名になり、いまでも水木ととても仲良くしていただいています。南さんが担当した『星をつかみそこねる男』は新撰組（しんせんぐみ）の近藤勇（こんどういさみ）を主人公にしたマンガでしたが、不幸なことに、青林堂の経営が悪化して、原稿料がまったく支払われなかったといういわくつきの作品です。後に虫プロ商事から単行本が刊行されて、はじめてお金になったのでした。もちろん南さんの責任ではないのですが、そんな出会いだったにもかかわらず、水木は南さんが大好きなのです。これは、一に南さんのお人柄ですが、水木は不思議と後に出世する人と若いころに仲良くなり、そうした人々が世に出てからも水木をもり立てて下さるという、つくづく良いご縁に恵まれる人間なのです。

　私も南さんにはじめて会ったときから、とても親しみを覚え、有名になってから発表された著書をいくつも読みました。どれもとてもおもしろくて、くり返し読んだものです。水木は大変な才能を持った人と仲良くしていただいているんだなぁと、改めて実感しました。

天下の講談社がやって来た

「月刊ガロ」で水木が注目され出したころ、講談社の「少年マガジン」の編集者の方がわが家にやって来ました。天下の講談社ですから、水木はもちろん、私もすごく緊張しました。貸本マンガの世界から足を洗わないとダメだというのが、水木の当時の口グセでした。いよいよ、そのときがやってきたのかと、私はうれしくなりました。

私は水木の仕事の中身に口出しするようなことは一度もなかったのですが、その日ばかりは気になって、思わず聞き耳をたてていました。

「宇宙ものを描いてみませんか？」

「少年マガジン」の編集者が水木にすすめたのは、宇宙を舞台にした、いわゆるSF作品でした。水木はむっつりとだまっていました。その当時には、SF作品はまったく描いていませんでしたが、貸本マンガ作家の時代には、水木はそうした作品を描いたこともありました。それなのに、なかなか首をタテにふりません。私は固唾(かたず)をのんで、水木が「お引き受けします」というのを待ちました。ですが、水木の口から出たのは、あまりにも意外なことばでした。

「宇宙ものは不得手です。すみません」
と、断ってしまったのです。考えられないことでした。私は、体じゅうの力が抜けるような気がしました。

編集者が帰ってから、水木は私にいいました。宇宙ものと聞いたとき、貸本マンガの知り合いの作家の顔がいくつか浮かんできたのだそうです。注文を受けたのはいいけれど、自分の得意ではない分野まで引き受けてしまい、にっちもさっちもいかなくなった人たちの顔でした。

「引き受けてしまったら、引き返せない。それに、不得手な分野を無理して描いてもあたらない」

水木のいうとおりなのでしょう。でも、私はやはり残念でたまりませんでした。

「月刊ガロ」の仕事をするようになってから、収入は以前より増えていましたが、そうはいっても、なんとかカツカツで食べられるようになった程度で、生活がラクになったという実感はありませんでした。変わった点はといえば、質屋（しちや）にものを持って行かなくてすむようになったことぐらいでしょうか。

質屋から戻ってきたものもありました。その中に、水木の古い背広がありました。東京に出てきたころから数えると一〇年間、質屋に出たり入ったりしていたその背広は、もう処分するしかないほど、すっかり型崩（かたくず）れしていました。それほど質屋とのつきあいも、年季が入っていたのです。

『テレビくん』で週刊誌デビュー

昭和四〇（一九六五）年の夏、水木は講談社の「別冊少年マガジン」の編集長だった内田勝さんから、池袋の焼肉屋さんに招かれました。そして「編集方針が変わったので、自由に描いてください。ただし、奇妙きてれつな格闘シーンをいれてもらいたい」といわれたといいます。やがて宮原照夫さんという人が担当者として、わが家にあらわれました。夏の暑い日でした。ようやく「少年マガジン」の仕事を引き受けることができたのです。ちなみに宮原さんは、この後すぐに「少年マガジン」の副編集長に、さらにその後、同誌の編集長になられた人です。

引き受けたものの、それからが大変でした。今度の連載で人気が出なければ、せっかくできた講談社との縁も切れてしまいます。毎週発表する作品ひとつひとつが勝負なのです。

水木は、それまで描いていたような絵ではなく、「少年マガジン」では、もっと丸っこい絵で勝負をしようと決めていました。「少年マガジン」は小学館の「少年サンデー」よりも読者の年齢がやや高い雑誌だということでしたが、それまでの水木の絵ではアクが強すぎ、大人っぽすぎて、読者に受け入れてもらえないかもしれないと思ったのでしょう。水木は、子どもにも受ける、少しでもきれいな絵をどうにかして描こうと、毎日毎日、何枚も何枚も習作を重ねました。

もちろん、いまのようにクーラーもありませんでしたし、わが家にはまだ扇風機さえありませんでした。水木は頭に手ぬぐいをまき、したたり流れる汗をそれで止めながら、描きました。その姿には、これに自分のこれからの運命がかかっていると、水木自身が思っていることが伝わってくるような迫力がありました。それを受け止めて下さったのか、暑いわが家で、催促ひとつしないで、じっとできあがりを待っておられた編集者の姿も、強く記憶に残っています。

そしてできあがったのが『テレビくん』でした。この作品は、「別冊少年マガジン」の「夏休みお楽しみ特大号」に掲載されたのですが、主人公は、丸顔のかわいい少年。私がほめるのはおかしいかもしれないけれど、正直、この主人公のかわいらしさは、水木の努力が生み出した結晶だと思いました。

ただし、この少年が、テレビの中にいるテレビ生物にてほどきを受けて自由にテレビに出入りできるというストーリーは、私にはちょっと理解できませんでした。でも、テレビに夢中だった子どもたちには、少年が電波に乗って、テレビの中に自由に出入りできるようになるという大胆な話がよかったのでしょうか。お菓子のコマーシャルが流れるとすかさず画面に入り込んで横取りしたりするこの主人公のキャラクターはかわいいなぁと私も思いました。

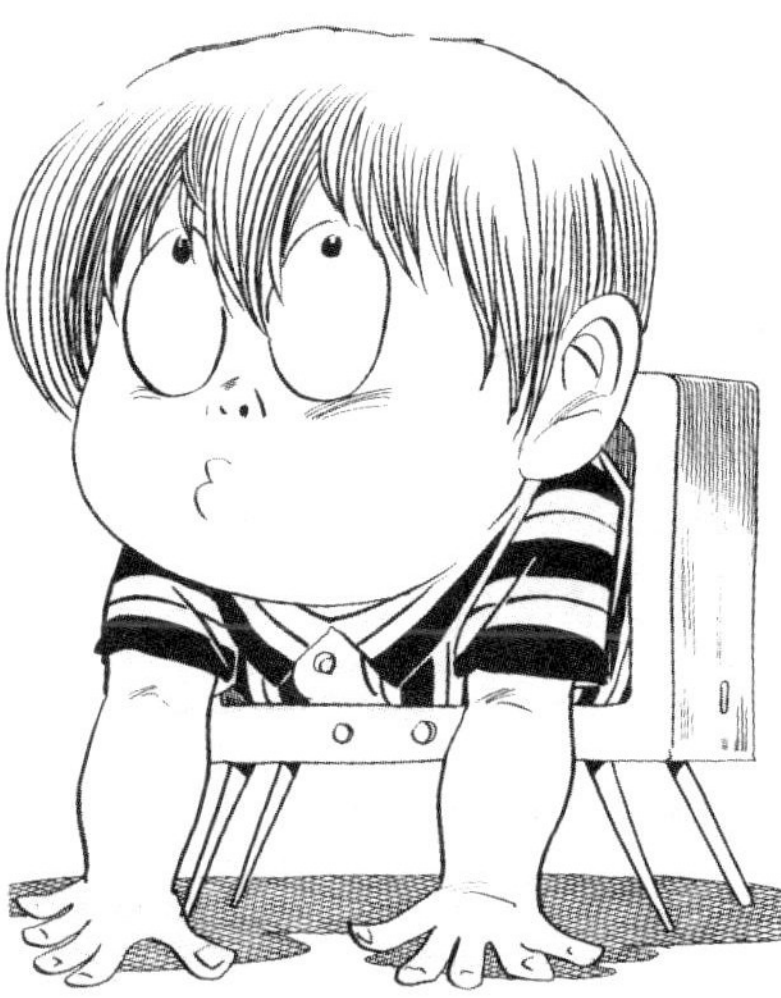

「別冊少年マガジン」（講談社）に掲載された水木のメジャー雑誌デビュー作
『テレビくん』より。

水木は口グセのように「オレは大人も読むに耐えるものを描く」といっていました。この姿勢は今日まで一貫していると思います。ですから、このときの画風の変更は、単に少年誌で人気をとるための方便ではなく「子どもから大人まで楽しめる」という幅広いファンを獲得するような作風を完成させるための大きな関門だったのでしょう。このときの努力の下地があったからこそ、今日までみなさんに愛され続ける『ゲゲゲの鬼太郎』や数々の妖怪画が生まれることになったんだと思います。

さて、講談社の原稿料は、「月刊ガロ」よりもはるかに上でした。それどころか貸本マンガのほぼ一〇倍でした。金額を聞いて、私は声がふるえました。

「こんなにもらっていいの？」

「バカ、貸本マンガと同じに考えちゃいかんよ。貸本マンガの原稿料は、人間の原稿料ではなかったんだ」

「なんだか、夢みたい」

貸本マンガの原稿料は、税務署の人が「それでは普通の人間は生きていられない」といったくらい低かったのですが、苦しいながらも、そのお金で結婚以来ずっとやってきたために、いつのまにか私は貧しい経済状態にすっかり馴染んでしまっていたのでしょう。こんなにもらえるなんて、ありがたすぎて、申し訳ないような気持ちになりました。

しかも講談社は銀行振り込みでした。こちらがもらいに行かなくても、ちゃんと銀行にいれてくれるのです。そのために、新しく銀行口座も開きました。なんて安心な出版社なんだろうと思いました。

『テレビくん』に続いて「週刊少年マガジン」からも仕事の注文が来ました。ようやく雲が切れ、わが家に光がさし込んできたように感じました。

「これで、貧乏神とエンがきれたかもしれない」

水木と顔を見合わせるたびに、何度もそういいあいました。私には「少年マガジン」が福の神のように思えました。

水木は、「鬼太郎」を「週刊少年マガジン」のために描き直し、『墓場の鬼太郎』として発表しました。『テレビくん』同様、貸本マンガのときよりも絵はずっと丸っこい線で描かれてはいましたが、それでも少年誌にのると、かなり不気味で、ほかの連載と比べると目立って異色の作品に思えました。私はいつも、人気が出ますようにと、祈り続けていました。

晴れがましい舞台へ

しばらくして、「週刊少年マガジン」の編集長になられた内田勝さんから、グラビアで「漫画家の妻たち」という特集をするので、夫人同伴で講談社に来るようにといわれました。手塚治虫さん、赤塚不二夫さん、石森章太郎（後に石ノ森章太郎）さんなど錚々たるマンガ家が夫人同伴で一〇組集まるというのです。

私は行こうか行くまいか、どうしようか、迷いました。私は気の利いたことはいえない性分だし、人見知りな質だし、当時一世を風靡していたマンガ家の奥さんたちと同じ場に立つなんて、晴れがましすぎて、気後れしてしまったのです。そこで、水木と話し合いになりました。

「私は遠慮しておきます」

「なんでだ」

「私、他の人と話なんてできそうもないもの」

「大丈夫だ」

「でも……」

私がだまっていると、水木がうむをいわさぬ口調でいいました。

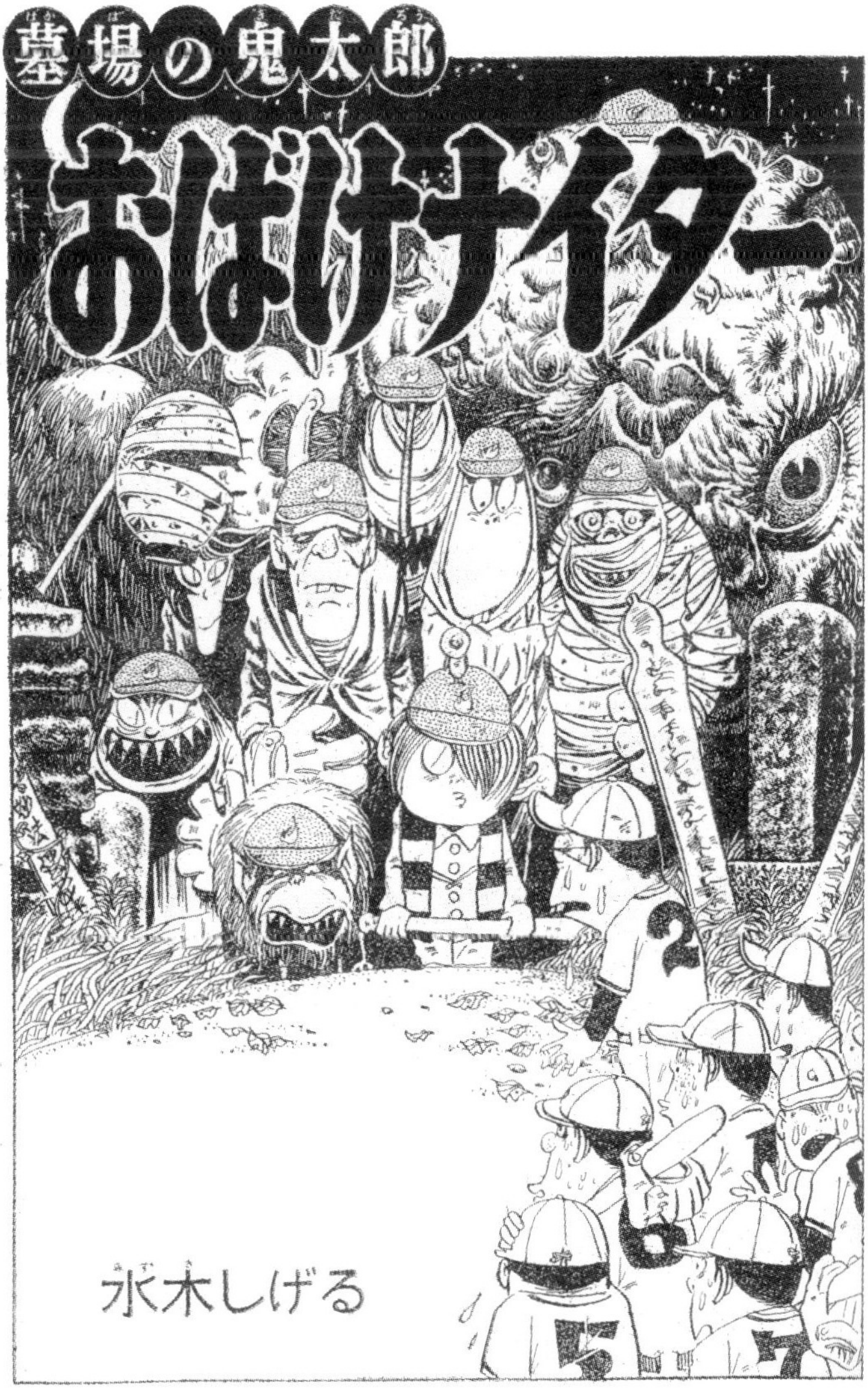

「週刊少年マガジン」（講談社）に断続連載された『墓場の鬼太郎』より。後、テレビアニメ化にともない『ゲゲゲの鬼太郎』とタイトルが変更された。

「お前は土俵をおりるのか。胸をはって行くんだ。わかったな」

「……はい」

私には着ていく服もなかったため、浦和に住んでいる姉に着物を借りることになりました。

当日、講談社の建物の立派さにまず圧倒されました。どっしりした石造りで、正面玄関の柱はギリシャ神殿の列柱のような感じで、屋根のひさしにも装飾が施されていました。中に入ると、きれいなステンドグラスのアーチ窓までありました。

畳が敷いてある部屋で、社長が火鉢を抱えて暖をとっているような貸本マンガの出版社しか知らなかった私にとって、そこはまるで宮殿のようにも見えました。

そして、私は奥さんたちが集まっている部屋に案内されました。あいにく手塚さんの奥さんは来ておられませんでしたが、他の奥さんたちがみなさん、きれいな服を着て、にこやかに談笑していました。私はニコニコしているばかりで、「ええ」とか「はい」とか以外、何もしゃべれず、その輪には入ることができませんでした。でも、いい記念になりました。

ついに「来るべきとき」が……！


その年の暮れ、講談社から水木に一本の電話が入りました。

また新たな連載の話かと思ったので、受話器をおいた水木に、

「今度はどんなお仕事の話ですか？」と何気なく声をかけました。

ところが、電話の受け答えのときは「はぁ、そうですか。それはどうも」といった具合で、ふだんの仕事上の会話とあまり変わらない様子でしたが、私のほうを向いた水木の顔は、いつになく紅潮しています。

「オレが講談社児童漫画賞というものをもらうことになったらしい……」

水木は、興奮を抑えたような口調で、ポツリとそういったのです。

もちろん、私は講談社児童漫画賞がどれほど権威のある賞なのか、くわしいことは知りませんでしたが、大出版社の賞ですから、ひょっとしたら大変な快挙を水木が成し遂げたのではないかと直感しました。

「お父ちゃん……」

……胸が高鳴って、そのあとの言葉が出てきません。すると落ち着きを取り戻した水木が、

軽く咳払いをしてから、いつもの飄々とした表情で、
「まあ、オレがそういう賞をもらうのは当然だがな」
なんていいました。でもその様子には、水木の感激が滲み出ていました。
やはりそうです。水木は、やったのです。

「ついに来るべきときが来た！」
私は心の中で、思わずそう叫びました。

受賞の対象になったのは、『テレビくん』でした。習作に習作を重ねて、一世一代の大勝負に臨んだ水木の努力が実を結んだのです……！

……いいえ、そうではありません。そのずっと以前から、食うや食わずの貸本マンガ家の時代から、水木は超人的な努力を重ねてきていました。どんなに努力しても報いられないかに思われた絶望的な日々でも、水木は本物の努力を重ねてきたのです。

左の肩で原稿用紙をおさえ、顔をくっつけんばかりにしてカリカリ音をさせながら、無心にマンガを描く水木の後ろ姿が目に浮かんできました。命がけで描き続けてきたことが、ようやく認められたのだと、涙がこぼれそうになりました。それは、感謝するという気持ちではなく、

「ああ、ついに来るべきときが来たのだ」という、深い感慨に包まれていたのです。

そうです、これほど努力をしている水木が「世間に認められないまま終わるはずはない。この努力がムダに終わるはずはない」と、自分が心の奥底でずっと信じ続けていたことに、このとき、はじめて気づいたのです。そのときが、ついにやってきたのです。「信じていてよかった」と、心から思いました。

この快挙は、「幸運」でも「奇跡」でもない、ある意味では水木のいうとおり「当然の結果」だと私も思いました。

私は人に自慢できるような力もなく、なんら立派なことをなしとげたこともない平凡な人間です。ですから、この快挙は、もちろんすべて水木の努力のたまものです。

でも、私は、あの暑い夏の晩に、仕事をする水木の後ろ姿に感動して以来、彼の仕事を信じ続けてきました。そのことは、私の生涯最大の「誇り」なのです。

やがて、知らせを聞きつけた人たちから、次々とお祝いの電報や電話が入り、祝福のお花が続々とわが家に届きました。

「水木さん、やったなぁ、やったんだよなぁ……」

わが家を訪れた東考社の桜井さんが、そういって目を潤ませながら、自分のことのように感激して下さったのが忘れられません。

もちろん、境港の義父母の喜びようは大変なもので、とくに義父は、息子の創作者としての才能が華開いたことを、素直に喜んでいました。一方、義母は不自由な体の水木が、貧しい中でも一家の長として周囲の生活を支え続け、ようやくそれが報いられたということに、母としての喜びを感じていたようでした。

講談社児童漫画賞受賞が発表されると、多くの大手出版社から次々と仕事の依頼が舞い込みました。あの瞬間に、水木は大逆転を果たしたのです。

講談社児童漫画賞の授賞式は、帝国ホテルで行われました。

水木は、式に出席するために、結婚以来はじめて背広を新調しました。

この間まではミルク代にさえこと欠く日々だったのに、背広を買うことができるなんて、頬をつねっても現実感がわいてきませんでした。でももちろん、これはかなり背伸びをした買い物でした。たまにデパートに行って、洋服を買ったりできるようになるまでは、それから何年もかかりました。

授賞式には、義兄夫婦が水木に伴って出席しました。私はふたりめの子を身ごもっていた上

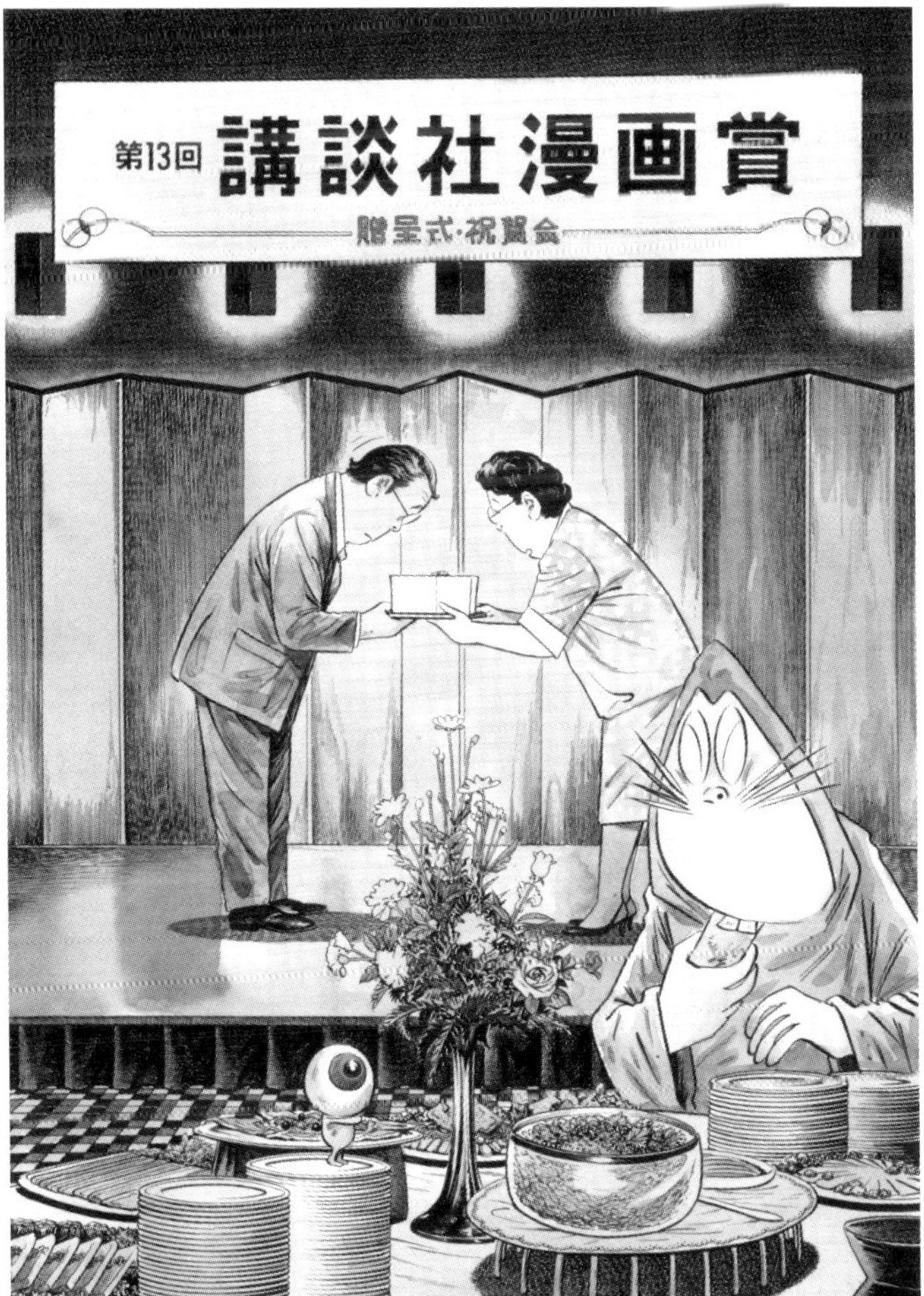

水木しげる作『ボクの一生はゲゲゲの楽園だ』(講談社刊)より。平成元(1989)年、水木は再び『コミック昭和史』で講談社漫画賞を受賞する。

に、幼い長女もいたので、授賞式に出席するのは遠慮しました。当時は、現在のように、夫の晴れ舞台には「夫婦同伴での出席」というのが常識だったわけではなく、むしろ控えめにして遠慮するほうが美徳だと考えられていた時代でしたので、出席しないことにとりたてて不満はありませんでした。

後年、水木は『コミック昭和史』という大作で、再び講談社漫画賞を受賞しました。平成元（一九八九）年のことです。このときには、私も授賞式に出席しました。

授賞式の場所は、あのときと同じ帝国ホテル。壇上で水木は右手だけで講談社社長の野間佐和子さんから賞状を受け取りました。

「きっとあのときにも、当時の野間省一社長から、同じようにして賞状を受け取ったんだろうなぁ」

などと思いながら、私は感慨深く水木を見つめていました。

五章

水木も家族も人生一変

アシスタントの人たち

講談社児童漫画賞を受賞してからというもの、水木には次々に仕事が舞い込んできました。名だたる大手出版社の雑誌の、連載や短編の執筆依頼ばかりです。そして、そうした出版社の編集者の人たちが、「先生、先生」といいながら、原稿を受け取りに、群れをなしてわが家を訪れるようになりました。水木が「センセイ」だなんて、と最初はとまどったものです。

一方、水木も最初は編集者たちのことを「福の神」と呼んで歓迎していたのですが、あまりの忙しさに次第に眠る時間もなくなってしまい、締め切り間際になると、担当編集者を悪魔のように恐れるまでになりました。

しかも、眠ることを無上の楽しみにしていた水木が、睡眠時間を削るようになりました。あのころ、睡眠時間は四、五時間だったのではないでしょうか。

それまでもアシスタントはいたのですが、私とさほど変わらないような線引きしかできない人とか、即戦力にならないアシスタントもいました。まだ、アシスタントを使う人はあまり多くなかったせいもあり、有能なアシスタントも少なかったのです。それに、水木は最初のころ、アシスタント志望の人が現れると、あまり考えずに雇ってしまうようなところがありました。でも、それでは次々に舞い込む大量の仕事をとてもこなすことができず、水木は有能なアシスタントを本気でさがしはじめました。

そして来てもらったのが、つげ義春さんです。つげさんは「月刊ガロ」に作品をすでに発表していて、マンガ好きの人たちにカリスマ的な人気を博しているマンガ家でしたが、つげさんの絵が自分の絵にあうと思った水木は、「月刊ガロ」紙上に「連絡請う」の広告を載せました。そこまでしても、つげさんに頼みたかったのでしょう。

でも、つげさんが突然、なんの前触れもなくあらわれたのには驚きました。着の身着のままで、何にも持たずに、わが家にふらりとやって来たのです。聞くと、住むところもないというのですから、水木もあわててアパートをさがしたようです。つげさんは飄然としていました。

「お父ちゃん、つげさんって、仙人みたいな人だね」

「うん、霞を食って生きているのかもしれん。実際、ものもそれほど食わないし」

「仕事は熱心なの？」

「熱心とまではいえないな。あの人が座ったところに座ると、オレも仕事をする気がうせてしまうんだ。でも絵はとてつもなくうまい！」

つげさんは、すでに自分の名前で作品を描くプロのマンガ家だったので、登場人物も、安心して描いてもらえたようです。うちでアシスタントをしながら、つげさんはもちろん自分の作品も描き続けていました。『紅い花』『ねじ式』『ゲンセンカン主人』といったつげさんの代表作も、そうして生まれたのでした。

しかし、その数年後、つげさんが、「ヤスミタイ」という内容の奇妙な手紙を残していなくなったときには、本当に心配しました。水木や他のアシスタントはもちろん、私たちも手分けして、つげさんのアパートに行ったり、京王線の線路際をさがし回ったりしました。けれどどこにも見つからず、とても繊細で傷つきやすい感じのつげさんのことだから、もしかしたら……などと最悪のことまで想像したりもしました。でも、三ヶ月ほどすると、またひょっこりあらわれて、またときどき水木を手伝ってくれました。本当に浮世離れした人でした。そんなつげさんですが、水木とは不思議にウマが合いました。今でも水木は、つげさんのことがとても気になるようです。

つげさんとほぼ同時期に来てもらったのが池上遼一さんでした。「月刊ガロ」で入選した池上さんの作品を見て、その絵のうまさに舌をまいた水木が長井さんをとおして話をしたのです。池上さんは大阪で看板の絵を描く仕事をしていたのですが、やがて、うちに来てくれました。池上さんは抜群に絵がうまく、仕事も熱心でした。池上さんはうちに来た初日からバリバリと仕事をこなしてくれたのです。忙しいときには、片ひざを立てたままものすごい勢いで私のつくった食事を平らげ、すぐに仕事に戻るという具合でした。絵を描くのが、本当に好きな人というのが、私の池上さんの印象です。

池上さんは、もっぱら水木の絵のバックを、風景の写真を見ながら、一生懸命描いてくれました。また、池上さんは、ときには鬼太郎の髪の毛なんかも描いていました。

池上さんは後に『男組』（原作・雁屋哲）などが大ヒット、二〇〇一年には『ＨＥＡＴ-灼熱-』で小学館漫画賞を受賞され、大変な人気マンガ家になりました。写実性とデッサン力、そして美しい線には定評があるそうです。

つげさんや池上さんが来てくれて、水木はとても、楽しそうでした。水木は、神田の古本屋街が大好きで、しょっちゅう、古本を探しに出かけていたのですが、ときには池上さんに運転をさせ、つげさんと三人で行っていたようです。車はコルト一〇〇〇で、水木の持ち物でしたが、家族でひとり運転免許をもっていた義兄が運転するだけで、義兄が使わないときは車があいていたのです。

古本屋では、妖怪のことが書いてある古文書や、ハヤカワミステリーなどをたくさん買ってきました。水木いわく、ハヤカワミステリーには、物語をつくるヒントが詰まっているんだそうです。締め切りが終わって、次のネタを考えなくてはならないときなど、ハヤカワミステリーをせっせと拾い読みしていました。

私もこのころ、新聞や雑誌などで、水木のネタづくりの助けになるのではないかと思う記事などはスクラップしていました。


この年、水木プロダクションをつくり、会社組織にしました。水木が社長、兄嫁の澄子さんが経理を担当することになりました

「鬼太郎」をテレビアニメに

「週刊少年マガジン」に断続的に連載していた『墓場の鬼太郎』が『ゲゲゲの鬼太郎』と名前を変えて、テレビアニメになったのは、昭和四三（一九六八）年のことでした。でも話が持ち上がったのは、その三年前でした。『墓場の鬼太郎』の連載がはじまって、まもなくのことです。

その日、「週刊少年マガジン」編集長の内田勝さんのご紹介で、東映テレビ部の渡辺亮徳さんという方と、講談社でお会いすることになりました。なんでも渡辺さんは、東映の中で最も新しい部署であるテレビ部を背負って立つ大プロデューサーで、彼の八面六臂の活躍で、東映テレビ部は急成長してきたのだとか。内田さんと懇意にしていらっしゃるそうで、三人で相談

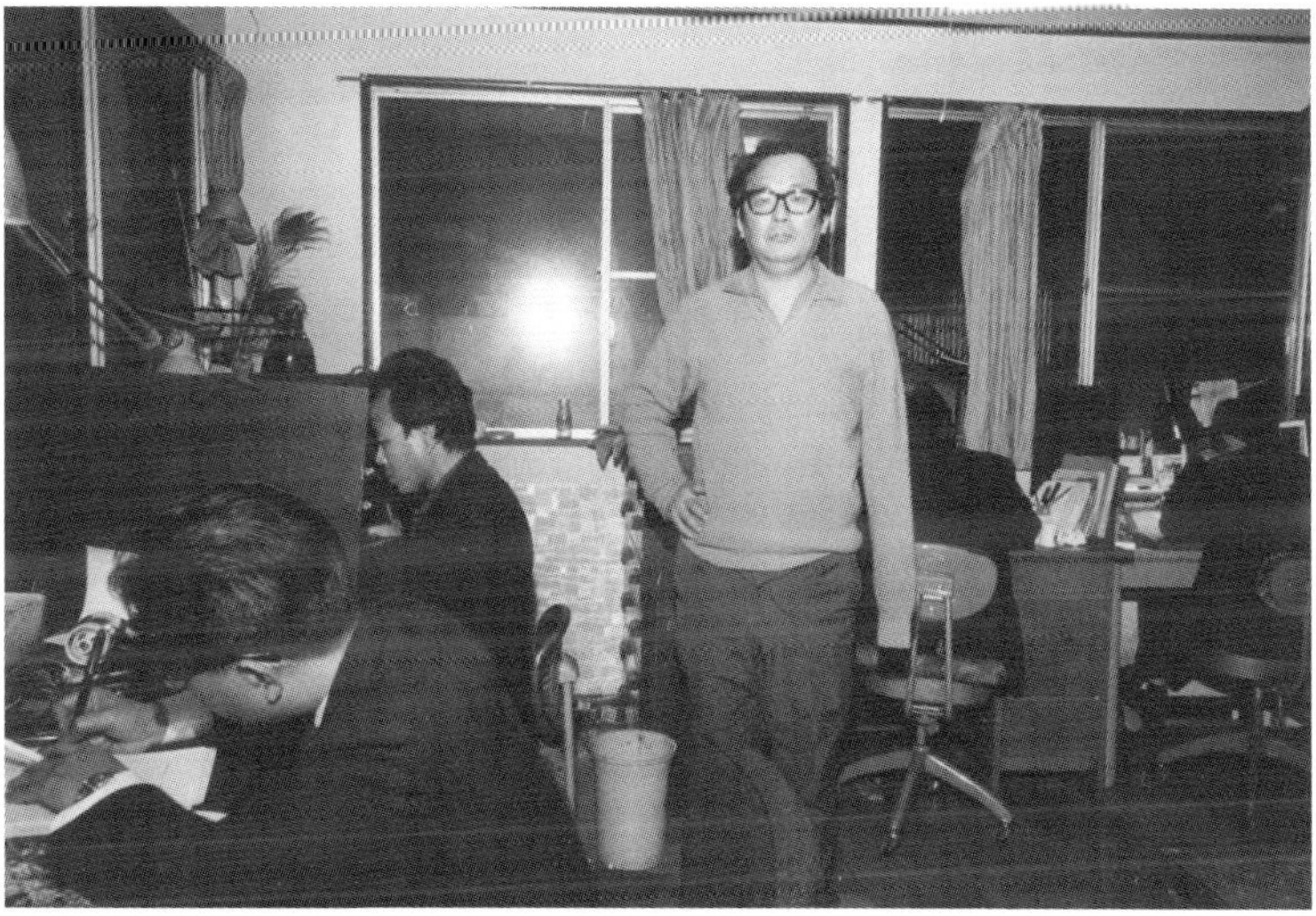

昭和45（1970）年ごろ、東京調布の仕事場で多くのアシスタントに囲まれて。水木はまさに24時間仕事漬けの日々だった。

したことがあるとの申し出を受けたので、水木は出かけて行ったのです。

私は渡辺さんとお話ししたことはありませんが、パーティーの席などで何度か瞥見しました。小柄で朴訥に話す内田さんとは対照的に、渡辺さんは声も大きく、押し出しがありました。後に「東映のドン」と呼ばれることになったそうですが、さもありなんという雰囲気の方でした。

さて、講談社から帰宅した水木は、少し興奮した様子で、そのときのやりとりを私に話してくれました。

「わたし、東映の渡辺亮徳です。両方得する、りょうとくです」

そう自己紹介するなり、『墓場の鬼太郎』を映画にしたいと切りだしたというのですから、さぞかし水木の目はまん丸くなったことでしょう。

「えっ、鬼太郎をですか?」

水木がそういって驚いたというのも、無理はありません。当初、『墓場の鬼太郎』は「週刊少年マガジン」ではさほど人気がなかったようなのです。水木はソフトに丸っこく一生懸命描いていましたが、他の作品とくらべると、やはり暗く怖い絵なので、それをすんなり受け入れることができない読者が多かったのかもしれません。

マンガ界では、人気がないものはすぐに切られてしまいます。これからがおもしろいところなのに、打ち切りになってしまうことも少なくありません。幸いにも「鬼太郎」は担当編集者と編集長がいまに必ず人気が出ると信じて、芽が出るまで待ってくれていたのだと、後になって知りました。

「東映は『鬼太郎』を映画にしたいんです。テレビにもしたいんです。映画はすぐにできます。でも先に映画にしてしまうと、テレビにはできません。一方、テレビにするとしたら、まずスポンサーをさがさなくてはならないので、スタートまで時間がかかります。でも、テレビは映画とちがい、連続物になるので、毎月、決まった額をお支払いできます。先生、映画とテレビ、どちらがいいですか。先生が選んでください」

渡辺さんにそういわれ、さすがの水木もしばらく考え込んでしまったのだとか。

しかし、水木は腹を括ってきっぱりと答えたのだそうです。

「テレビにします」

「スポンサーがつかなければテレビ番組にならないかもしれません。テレビはそういう可能性もありますが、それでもいいですか？」

「それでもテレビのほうがいいです」

「本当にいいんですね」

「いいです」

「よかった。私もまずテレビ番組にしたいと思っていたんです」

……そんなやりとりがあったと聞いたので、私は水木に、なぜテレビを選んだのかとたずねました。すると、ふっと笑いながらいいました。水木の返事は明快でした。

「一年でも二年でも、飯が長く食えるほうがいいからだ」

それから鬼太郎のテレビアニメ化まで三年もかかったのは、「墓場の」というタイトルがお茶の間にあわないという理由からだったそうです。「墓場の」ではイメージが悪くて、スポンサーがつかないだろうと、テレビ局が二の足を踏んでいたのです。

でも、その前に『悪魔くん』が実写版のテレビドラマになりました。かつて東考社から刊行された貸本(かしほん)版の物語の設定を下敷きに、悪魔くんと悪魔メフィストが協力して悪い妖怪と戦う冒険活劇として生まれかわり、昭和四一(一九六六)年一月から断続的に「週刊少年マガジン」に連載していたのです。

水木作品初のテレビ番組「悪魔くん」

『悪魔くん』が実写版のテレビドラマになったのは、『墓場の鬼太郎』のテレビアニメ化がにっちもさっちもいかず、もしかしたら立ち消えになったのではないかと心配していた時期でした。

原作に忠実にテレビ化してほしいと注文をつけるマンガ家もいるそうですが、水木はそうではありませんでした。

「テレビの『悪魔くん』はマンガの『悪魔くん』と同じではダメじゃないかな。テレビ向きのつくり方をしたほうがいい」

何度もわが家を訪れた東映テレビ部のプロデューサー・平山亨さんにそういって、水木は自分から番組のためのアイデアを出したりもしました。あれほど心血注いで描いたものだったのに、水木はそういうところは不思議なくらいこだわりがなかったのです。

昭和四一（一九六六）年一〇月六日、いよいよ「悪魔くん」のテレビ放映がはじまりました。水木、アシスタントなど水木プロの人たち、私、尚子、水木の両親は、ひとつしかないわが家の白黒テレビの前に集まりました。みんな、テレビのほうをむいて正座していました。私は、ふたりめの子を身ごもっていて、おなかが大きかったのですが、やはり正座をしました。水木作品のはじめてのテレビ化ですから、「気をつけ」の姿勢でおらずにはいられませんでした。

第一話は「妖怪ガンマー」。ファウスト博士に見いだされた悪魔くんが、悪魔メフィストとともにこの世の不幸と戦うという契約を結ぶシーンもあり、水木の描いた妖怪が立体化されて動くシーンも見られて、みんな感激しました。もちろん、ドラマ自体もよくできたおもしろいものでした。

エロイムエッサイム　エロイムエッサイム
まわれ地獄の魔法陣　さあ行け悪魔くん　魔法の杖だ
エロイムエッサイム　エロイムエッサイム
がんばれ悪魔くん　たたかえ悪魔くん

日本音楽著作権協会(出)許諾第0801787-801号

水木が描いた絵をバックに、明るい、テンポのよいテーマソング「悪魔くんマーチ」が流れるエンディングタイトルでは、私たちの間から思わず拍手がわきました。しっかりと「原作水木しげる(週刊少年マガジン連載)」と紹介されたからです。また、この「悪魔くんマーチ」の歌詞をつくったのも水木でした。とてもいい感じの歌詞だと思いました。

町に妖怪があらわれるたびに少年・悪魔くんが古井戸の地下にある魔法陣から「エロイムエッサイム、われは求め訴えたり〜」と呪文を唱えて、悪魔メフィストを呼び出し、一緒に悪い妖怪を退治するという、子ども番組らしい単純明快なストーリーでした。

でもメフィストはうっかりするとさぼるので、少年・悪魔くんはソロモンの笛と、メフィストの好物チョコレートを使ってコントロールしなければなりません。それがとてもおもしろくて、私は何度も笑ってしまいました。でもやっぱり、出てくる妖怪は怖かったです。子ども番組だったけれど、見ごたえがあるなぁと感じました。

放送されている三〇分の間、私は広告も見逃すまいとして、一瞬たりともテレビから視線をはずすことができませんでした。そして番組が終わったとき、よかったという思いが胸にあふれてきました。水木の作品が、こうしてテレビから全国に流れて、茶の間でたくさんの子どもたちが見ているかと思うと、なんだか信じられないような気がしました。うれしくて、みんなと一緒に、てのひらが痛くなるほど、拍手をし続けました。

ただ、「悪魔くん」では、それまでの子ども用テレビ番組にあったような、完璧なヒーローではありません。たとえばメフィストは、金にうるさくがめつくて、なまけ者でした。ですから私は、テレビでそういうお話は大丈夫かしらとチラッと心配もしていました。でも、むしろそこが子どもたちに人気があったようで、こういうのが、水木の作品の魅力のひとつなのだなぁと改めて感じました。

もちろん水木も、自分の作品がはじめてテレビ番組になったことを、本当に喜んでいました。

この作品は、第二六話まで続きました。でも、妖怪ものでは縁起が悪いということで、なかなかスポンサーが決まらず、毎回ちがった会社がスポンサーになるという変わったかたちの番組だったようです。

平山さんは、この二年後、やはり水木の「河童の三平 妖怪大作戦」を実写でつくってくれました。平山さんは東大卒だそうですが、インテリぶったところは少しもなく、「河童の三平」のときも、よくわが家にやってきては、気さくに水木と番組のアイデアの相談をしていました。また、義父の話し相手にもなってくれました。平山さんは、さらに「仮面ライダー」の生みの親の一人として名を知られるようになり、数々の「仮面ライダー」ものや、「ゴレンジャー」などの戦隊もののプロデューサーとして大いに活躍されておられるということです。

次女もクリスマス・イブに誕生

昭和四一（一九六六）年の一二月二四日、次女の悦子（えつこ）が誕生しました。奇（く）しくも、尚子（なおこ）と同じ誕生日でした。やはり悦子も尚子と同様、予定日は一月のはじめだったのですが、クリスマス・イブに陣痛が来たのです。ただ悦子は臨月に入ってからクルッとおなかの中で回転してしまい、逆子（さかご）になってしまったために、帝王切開でした。

生まれてびっくりしました。まるまると太った四〇〇〇グラムもある大きな赤ちゃんでしたから。水木は「また、女の子か」といいつつも、やはりすごく喜んでくれました。

悦子を出産する一ヶ月前から、私の妹の睦子(むつこ)が上京して、家事や子育てを手伝ってくれることになりました。睦子は、私のいちばん末の妹で、短大を出た後、郷里の安来(やすぎ)で小学校の先生をしていたのですが、一度、東京で暮らしてみたいと出てきてくれたのです。これは本当に助かりました。

睦子は、車の運転ができたので、買い物など日常のこともラクになりました。すると、「布枝ちゃんも車の免許をとったらいいのに。私がこの家にいる間に、免許をとればいいよ」といってくれたのです。なるほどこれはとてもいいアイデアだと思いました。水木は忙しいし、そもそも片方の手だけでは運転はむずかしいでしょう。私が車を運転できれば何かと水木の役にも立てそうです。そこで、私は一念発起(いちねんほっき)して、自動車学校に入りました。

家に入ってくる収入は、降(ふ)って湧(わ)いたものではなく、水木が一生懸命描いてつむぎだしたお金ですから、一〇円、いえ一円だって、無駄なく使わなければならないと思って暮らしていることに、変わりはありませんでした。ですから自動車学校でも、検定を落ちるとそのたびに補習を受けねばならず、さらにお金がかかってしまうので、私も必死になりました。鍋のふたを持って練習するといいといわれ、まじめな顔で鍋のふたを両手で持って練習もしました。今、考えると、あれはなんの役に立ったのか。妙なことをしたものです。なんとか無事に免許を取得したときにはホッとしました。

免許をとって、世界が広がった気がしました。それから、たまの休みに水木や娘たちを乗せて、よく新宿のデパートに出かけました。後には富士山に行ったり、房総のほうまで足を伸ばしたりもしました。

できたぞ！「鬼太郎の歌」

ちょうどそのころ、舞い込んできたのが、「週刊少年マガジン」に連載中のマンガ家によるＬＰレコード制作の話でした。そこで水木がつくったのが、『墓場の鬼太郎』のテーマソングの歌詞でした。「悪魔くんマーチ」に次いで、また作詞を手がけたのです。

夜、遅くまで、水木は机に向かって、歌詞を考え続けていました。そしてある日の朝、「できたぞ！」と満面の笑みを浮かべて、いちばん最初に私に見せてくれました。考えに考えた末に生まれた歌詞でした。私はこれを見て、なんていい歌なんだろう、と心底感心しました。ユーモアがあって、おおらかで、楽しそうで。寝床でぐーぐー朝寝をしているなんてところは水木そっくりです。

ゲッゲッ、ゲゲゲのゲー
朝は寝床で　グーグーグー
たのしいな　たのしいな
おばけにゃ　学校もしけんも
なんにもない
ゲッゲッ、ゲゲゲのゲー
みんなで歌おう　ゲゲゲのゲー

日本音楽著作権協会(出)許諾第０８０１７８７-８０１号

この詩に、いずみたくさんが曲をつけ、熊倉一雄(くまくらかずお)さんが歌ってくれました。この曲をはじめて聞いた関係者の人たちが、一様に「すごい！」と驚いたと、後に聞かされました。そして、そのＬＰ盤が完成した昭和四二（一九六七）年に、テレビアニメ化の話がまた動きはじめました。

テレビ化にあたり、水木と「少年マガジン」の内田さん、東映の渡辺さん、キングレコード、フジテレビの人たちが話し合い、「墓場の～」ではなく「ゲゲゲの～」にタイトルを変えることになりました。この題名変更によって、スポンサー問題が解決に向かったのです。

『ゲゲゲの鬼太郎』というタイトルも水木の発案でした。

「オレが小さいころ、シゲルといえず、自分のことをゲゲルといっていたから、『ゲゲ』とガキ大将仲間から呼ばれていた。だからゲゲゲの鬼太郎でもいいいんだ」

水木はそういって笑っていました。

テレビアニメ「ゲゲゲの鬼太郎」はその翌年の昭和四三（一九六八）年の一月にはじまり、翌四四年の三月まで毎週三〇分間放映されました。何しろ、今度は実写でなく水木が描いた絵を基にしたアニメーションです。水木の描いた妖怪たちが動いて話す……まるで絵に命が吹き込まれたようで感激もひとしおでした。生みの親である水木の感激は計り知れません。この番組も、毎週、家の者が勢ぞろいをしてみました。私はもちろん正座です。そして、番組が終わると毎回、「悪魔くん」のときと同じように、みんな自然に拍手をしました。

買い物に行った折など、公園で子どもたちが「ゲゲゲのゲー」と歌っているのを聞いたりすると、子どもたちに水木の作品が愛されていると実感できて、私も本当に幸せだなぁと感じました。

テレビアニメがはじまるとともに、「週刊少年マガジン」でも、『墓場の鬼太郎』から『ゲゲゲの鬼太郎』にタイトルを変えました。

オレは茂鉄だ

アニメ「ゲゲゲの鬼太郎」がテレビで放映されるようになると、アシスタント希望者がひっきりなしにわが家を訪ねて来るようになりました。以前は「来る者は拒まず」という姿勢で誰でも採用していたのですが、それではダメだということがわかってきて、希望者に、まず絵を描かせるようになりました。そして、その絵を見て、アシスタントにできるかどうか考えるのです。すると、たいていは

「(アシスタントは) 不可能です。他の仕事をさがしたほうがいい」

と、断わらざるをえなかったようです。それまでは、仕事ができない人も含め、いろんなアシスタントが出入りしていましたが、将来を考えると、絵に見込みのない人は他の仕事でがんばったほうがいいと思うようになったのでしょう。好きだからというだけで、やっていける世界ではないからです。

水木は、アシスタントを使うのも上手なほうではないかと思います。子どものころ、ガキ大将だったからでしょうか、案外、人の気持ちをつかむのがうまいのです。みんな水木のいうことにはたいがい従ってくれました。

「銀行員をやっている二七歳にもなる男が、アシスタント志望であらわれた。銀行員なら、マンガ家よりもええといって、帰したよ」

ある日、水木がそういいました。けれど、その人は、その後、どうしてもマンガがあきらめきれないと、銀行をやめてまた上京したのだそうです。それが後に『釣りキチ三平』で人気が出た矢口高雄（やぐちたかお）さん。水木と少しでも関わった人が活躍していると聞くのは、うれしいことです。

水木は眠る間もないほど、忙しくなっていました。連載が何本も重なり、毎日、明け方まで描いていました。水木が眠っても、仕事場の電気は消えません。アシスタントの遅番の人が、水木が起きるまでに背景とベタを仕上げるからです。

ただでさえ睡眠時間が少ないのだから、よけいに質のいい睡眠をとってもらわなくてはと、朝、子どもたちにも静かに過ごさせるように気をつけました。水木もこれまでのように、自然に起きるまで寝ているなんてことは、できなくなりました。

明け方に寝ようが、ゆっくり午後まで寝ているわけにはいきません。急いでごはんをかきこんで、仕事しなくては間に合わないからです。編集者たちがやってくる前に、セリフを直したり、全体を仕上げたりしなくてはなりません。この時間に遅番のアシスタントから早番のアシスタントに交代するため、一日中、仕事場の照明は消えることがなくなりました。

朝、夕方、深夜と、三つの締め切りが一日に重なることもありました。アイデアにつまると、水木は「早く描いてください」と迫る編集者の腕を振り切るようにして、自転車に乗って出かけることもありました。

「先生、待ってください！　だめです！　逃げるんですか！」

編集者の悲痛な声を聞くと、いつものことながら、ああ、気の毒にと思いました。編集者も気の毒なら、水木も気の毒でした。

編集者には、たいていはアシスタントがお茶を持っていったりするのですが、ときには私もお茶を出して、「自転車に乗りながら、アイデアを考えていると思いますから、すみません。待ってやってください」といって、慰めることもありました。

本当に、水木は自転車に乗っていると、アイデアが浮かぶことが多かったようです。小さいころはガキ大将で、のびのび外を走り回っていたのですから、外で思い切り深呼吸すると、落ち着くのでしょう。

でも、自転車に乗る時間が問題でした。夜中に、夏などは下着姿で自転車に乗って、ふらふらと出て行ってしまうので、何度も警官に職務質問をされてしまいました。下着泥棒とまちがえられて、ポケットの中を調べられたこともありました。

私は、この時期、水木の健康が心配でたまりませんでした。

「オレは茂鉄だから、大丈夫だ」

水木は私にそういって、安心させようとしました。「茂鉄」とは、鉄のように強い茂という意味だそうで、それが水木の子どものころのあだ名だったといいます。

でも、睡眠時間はすべての健康の基本です。水木が戦争で生き残ったのも、紙芝居や貸本マンガのひどい泥沼の時代をも生き抜いてこられたのも、健康だったからにちがいありません。それが、いつもふらふらの寝不足ではいけないと思いました。

私も、少し前までは、お金になる仕事がほしいとずっと思い続けてきたのですが、ここまで忙しい事態は想像もしていませんでした。成功しても、水木の体がボロボロになってしまったのでは、幸せとはいえません。

それで、水木に仕事を少し減らしたほうがいいのではないかと、思い切って何度かいいました。でも、水木の答えはいつも同じでした。

「オレも眠りたい。ノンキな暮らしがしたい。でも、また貧乏をするかと思うと、怖くて、仕事を断ったりすることは、とてもできない。締め切りに追われる生活も苦しいが、貧乏に追われる生活はもっと苦しい。それに、いまが人生の実りの時期なのかもしれない。だから、後にひいてはだめなんだ」

貧乏に追われることは、水木同様、私も怖かったです。でも、ふらふらの水木を見ていると、この時期もまた怖くてなりませんでした。

子どもはムリに起こすな

子どもたちは、大きな病気もせず、ケガもなく、すくすくと育っていました。まわりにだんだんと家も建ちはじめましたが、うちは路地のいちばん奥の突き当たりにあるので、わが家の前はうちの車以外ほとんどとおらず、路地で遊ぶこともできました。

親バカだと笑われそうですが、長女の尚子は、とても絵が上手でした。あれは五歳くらいのことだったでしょうか、歯医者さんに連れて行ったら、その晩、歯医者さんの治療している様子をスラスラッと描いたのです。歯医者さんの独特な椅子や、治療器具まで、ちゃんとそれらしく描いてありました。水木と同様、この子もものごとを観察し、それを表現する力があるのかもしれないと思いました。また、文章を書くのが得意で、小学校のころは作文の時間が大好きだったようです。

次女の悦子はおしゃべりでしたが、水木の小さいとき同様、舌が長かったのでしょうか。「いただきます」が「タイタイチ」という具合で、しゃべると、かわいらしくて、悦子が話すたびにほおがゆるみました。悦子は大人になってから、なかなかおもしろい文章を書くようになりました。やはり水木の遺伝子ではないかと思います。

ただ、普通のお父さんのように、休日に子どもと遊んでやったり、夏には海に連れて行くといったことは、水木にはとてもできませんでした。とにかく休みがなかったからです。

アシスタントは若い人が多いので、夜食も日常的に食べていました。私がつくることもありましたが、幸い、近くに、グラタンやカレー、ピラフ、スパゲティなどを夜も出前をしてくれる店があって、そこからよく配達してもらいました。注文をするのは水木なのですが、水木は子どもたちにも食べさせたいと思ったのでしょう。いつも一品よけいに注文してくれました。そんな日の翌朝は、子どもたちが、あたためたグラタンやらピラフを、うれしそうにほおばっていました。

また、水木は、自分が子どものとき、眠たくてしょうがなかったという記憶が強かったせいか、子どもたちを「ムリに起こしてはいけない」というルールをつくっていました。眠たいときに、無理やり起こされるのが、子どものころ、本当に辛かったからだそうです。そのおかげで、うちの娘たちはふたりとも、小さいころは、くたくたとよく眠りました。

ただ、尚子が幼稚園に入ると、九時には幼稚園に連れて行かなくてはならなくなりました。ふだんはちゃんと起きる尚子がたまに寝すごしていたりすると、水木に見つからないように、私がそっと起こしました。万が一見つかってしまうと、滅多に怒らない水木が、これだけは譲(ゆず)れないという感じで「なんで、起こすんだ！」と大声を出してしまうからです。でも、そのルールは水木にだけ通用するもので、遅刻して幼稚園に行くというほうが、子どもにとってはかわいそうだと私は思いました。

このころ小さなうちから子どもを塾に入れる親もあらわれていましたが、そこまでの余裕はわが家にはありませんでしたし、とくに勉強ができてほしいとも思っていませんでしたので、特別なことは何もしませんでした。私がふたりの娘に望むのは、いまも昔も同じ。健康で、思いやりのある優しい娘に育って欲しいということだけです。

この間、写真を整理していたら、悦子が二～三歳、尚子が小学校に入ったか入らないかくらいのものが出てきました。ふたりとも、カーディガンを着て、ハンカチをぶら下げている姿で写っていました。注連飾(しめかざ)りが後ろに写っているので、お正月のときの写真だと思います。それをふたりの娘に見せたら、笑いながら「なんて貧乏くさいカッコウだろうねぇ」と口をそろえていいました。でもお正月に着たものですから、たぶん、それでもいいほうの服装だったにちがいないのです。徐々に生活もラクになっていたはずですが、質素というか質実というか、恥ずかしくて照れくさくて、わが家は派手なことができなかったんだなぁと、改めて感じました。

金持ちぶらんでええ

そのころ、朝日新聞社の雑誌「アサヒグラフ」で「わが家の夕めし」という、有名人の夕食を公開するコーナーがありました。そこに水木が登場することになって、〝いつもの食事〟を私がつくって、それを撮影することになりました。編集者からは特別なことはしなくてもいいといわれたのですが、私は一生懸命、つくりました。ふたりの故郷でよく食べるものが、わが家の味でしたから、あぶり若布(わかめ)、えてがれい、それからお煮しめやなんやかや、いろいろつくりました。それを座卓の上に並べていたら、水木がやってきて、ひと目見るなり、料理がのった皿をパッパッと隠しはじめました。

「お父ちゃん、なんで？　せっかくつくったのに……」

「急に金もちぶったかっこ、せんでもええ」

「でも、いつも食べているものばっかりじゃないですか」

「いや、これでは多すぎる」

「でも、こんなに減らしたら、貧相で……」

「貧相でもええ。このほうがええ」

結局、その雑誌には、ごはんとおつゆと、えてがれいとあぶり若布と漬物だけが並んだものが掲載されました。せっかくつくったのに、ふだん以下の食卓になってしまいました。

このころから、読者やファンに対しては意識して「水木しげる」の役を演じなければならないと思うようになっていたようで、身内や古くからの親しい人に対してと、そうでない人に対するときとで、接し方が変わるということが、その後、長く続きました。

しかし後年、自分のことを「水木サン」と呼ぶようになると、ある意味で、水木しげるであることが、より自然になっていきました。

それはさておき、忙しくなり出すと、マンガ以外の仕事もどんどん入り込んできて、輪をかけて忙しくなってきました。テレビ出演や雑誌のインタビューなどの仕事も話もどんどん持ち込まれました。兄嫁の澄子さんがそうしたことにも応対していたのですが、ひとりで処理するのはとても無理になってきたので、水木は、別の仕事で九州に行ったとき、当時・九州に住んでいた弟の幸夫(ゆきお)さんを訪ね、水木プロダクションの仕事を手伝ってもらえないかと頼んできました。それからしばらくして、幸夫さんは、九州を引き上げて西荻窪(にしおぎくぼ)に引っ越し、水木プロダクションの仕事を助けてくれるようになりました。

境港に住んでいた義父母も、やがて、わが家に引っ越してきました。こうして、離れ離れに住んでいた武良（むら）一族が、水木を中心にもういちど一緒に暮らすことになったのでした。

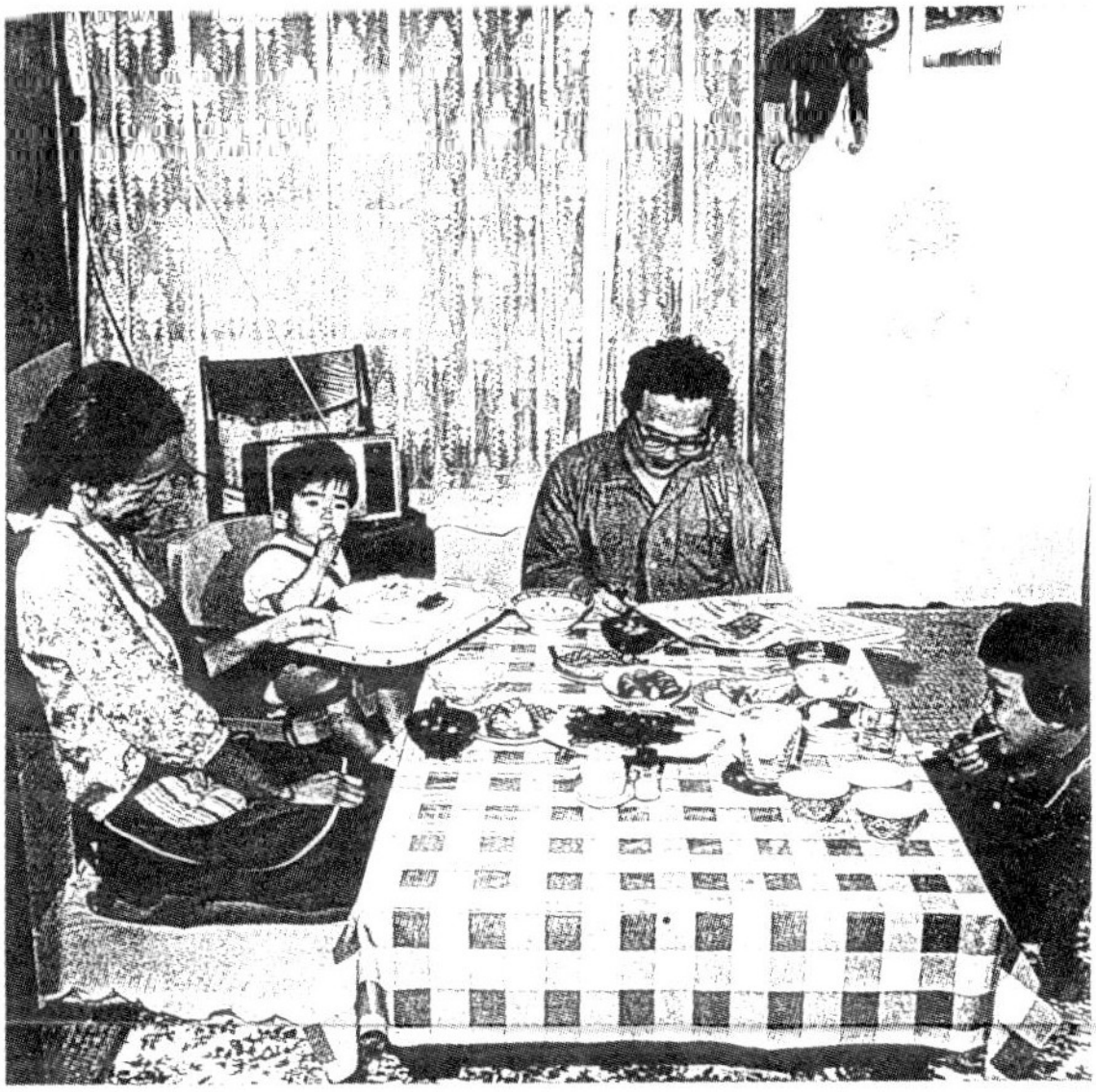

わが家の夕めし

こころ食卓になし

水木しげる（漫画家）

ぼくはこの十年来ゆっくり味覚を味わうという気持になったことがない。しょっちゅうマンガの締におわれているのです。

したがって何を食べても大差がない。それに食事のときには夕刊を五種類ぐらい見なければならず、なにものかにおわれているようにかたづける。だから、おいしいものを食べてみようと思ったこともあまりないし、これはうまいと、ヒザをたたいたこともない。自動車があわただしくガソリンをつめられ、あわただしくエンジンをかけられるようなもんです。

それに締切の恐怖におわれて食卓には十分以上おれないから早く口に入れられるものをえらぶ。食事だけではない。むやみにトイレに滞在することさえ許されない。三十秒ぐらいで熱心にする。食事も同様でただ熱心につめこむのです。

もう人間の生活ではない。テレビも十年来みたこともなく、散歩は一日に十分しか許されない。ぼくはもうこんな生活を長くつづけようとは思わない。

人間はやはり、ゆっくりめしを食い、ゆっくり糞をするべきだと思っている。

写真　左から布枝夫人　次女悦子ちゃん　水木氏　長女尚子ちゃん

「アサヒグラフ」（朝日新聞社）より。

六章

名声ゆえの苦悩と孤独

改築道楽が止まらない

当時の水木の息抜きのひとつは、家の設計でした。神戸で水木荘にいた時代にも、水木は「二〇坪以内で、天国か楽園のような家を設計する」ということにとりつかれ、せっせと方眼紙に設計図を描き続け、ついに仕事がまったくはかどらなくなったことがあったそうです。その設計病が、忙しさの中で再発したわけです。

神戸時代はお金がないので、方眼紙に設計するだけですんだのですが、今度は実際に改築をするようになりました。ざっと一〇回ぐらいは家に手を入れたでしょうか。もともとわが家は横に長い家で、右側が仕事スペース、左側が自宅といった格好だったのですが、手を入れるたびに、おかしな感じになり、それを何とかしようとまた改築を重ね、最後は迷路みたいな家になってしまいました。

「もう、このままでいいんじゃない?」

と私がいっても、例によって聞いてはくれません。

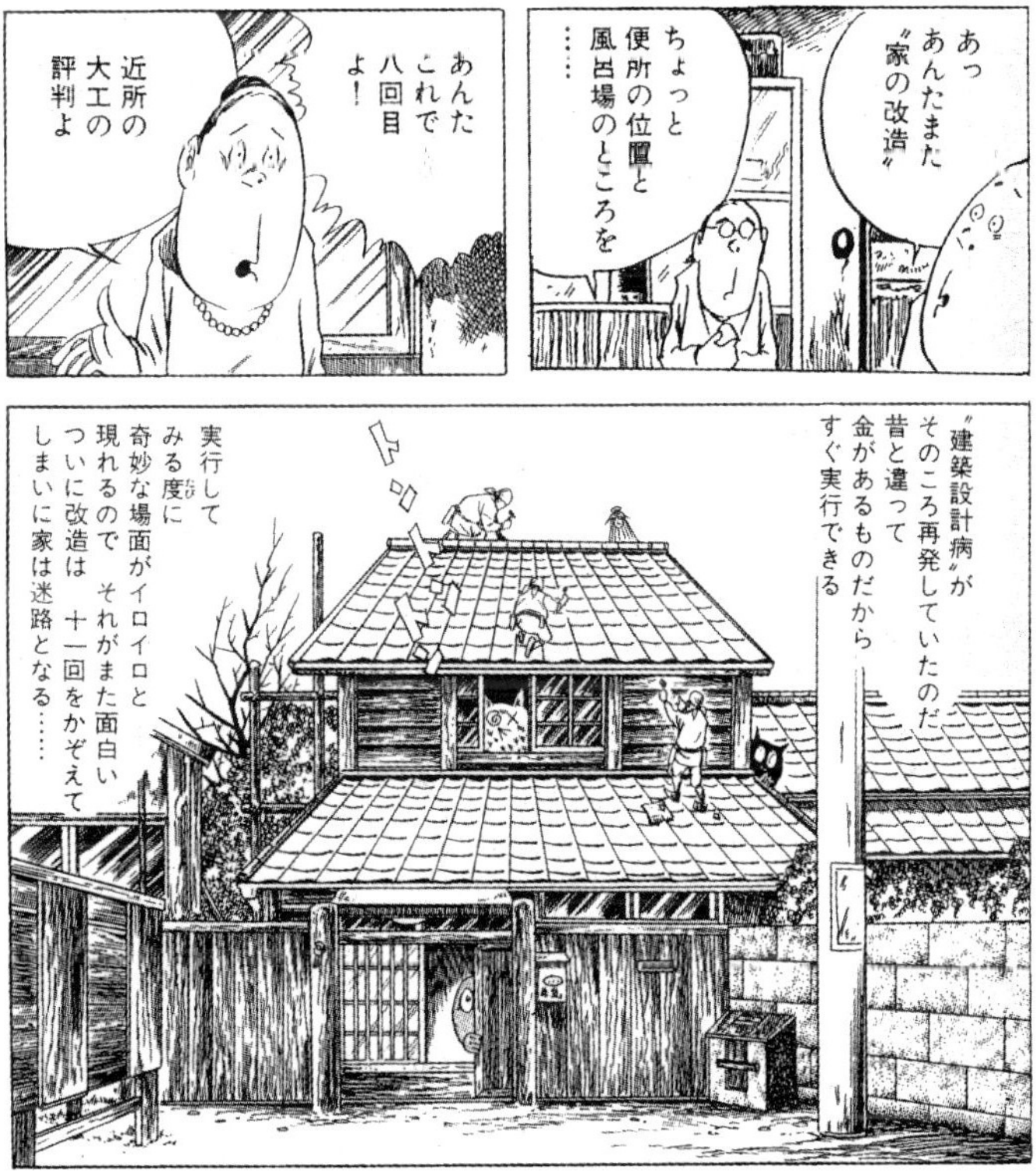

水木しげる作『ボクの一生はゲゲゲの楽園だ』（講談社刊）より。

「いや、これをこう直すと、もっとよくなるんだ」
そして何日かすると、大工さんがやってくるのです。私に相談は一切なく、自分の独断でやってしまうので、できあがるまでどうなるのかもわかりません。
こうして、一階にトイレが二箇所、風呂が二箇所、二階にはトイレが三箇所、風呂が一箇所あるという珍妙な家になってしまいました。もともと二階建てだったのに、二階から屋根裏に行く、ほとんど垂直な階段を、それもふたつもつくって、屋根裏部屋までつくってしまったのでした。

後からつけたトイレだからでしょうか。二階で用をたしていると、それが流れ落ちる音が一階に鳴り響(ひび)きました。水木は、最初は音が聞こえるたびに喜んでいたのですが、だんだん、みんながそのトイレを使わなくなり、二階のトイレは無用の長物になってしまいました。

さほど広くない家なのに、そんな有様ですから、新入りのアシスタントは家の配置図を覚えるまで時間がかかったようです。家族だって、しょっちゅう、家の中が変わるので、夜中に目が覚めたりすると、いったい自分がどこにいるのか、冗談(じょうだん)ではなく本当に、わからなくなることさえありました。

鬼太郎グッズの山

「ゲゲゲの鬼太郎」のテレビアニメは評判を呼び、「鬼太郎ブーム」「妖怪ブーム」といわれるようになりました。すると、「鬼太郎」に登場する妖怪たちをあしらった商品もたくさん売られるようになりました。いまでいう、キャラクター商品です。そうした商品ができて送られてくると、わが家は大騒ぎになりました。たいていダンボールにドンと送られてくるのですが、それをアシスタントの人たちと一緒にあけるとき、水木は子どものようにはしゃぎました。私もそのたびにドキドキしました。

シスコの「ゲゲゲの鬼太郎チョコ・ガム」、その景品の鬼太郎のトロフィー、ユラユラバッジ、おしゃべり鬼太郎人形、歌う鬼太郎人形、また、鬼太郎のイラストがついたハンカチやビニールプール、鬼太郎シャツやパンツ……。

水木が生み出したキャラクターを印刷したものが、子どもたちに愛されているということが、夢みたいだと思いました。このハンカチを使ってくれるのは、どんな子どもたちだろうと、想像したりもしました。

水木はキャラクター商品を部屋にきれいに飾るのが好きでした。そのために棚を作ったほどです。お客さんがあると、シスコの「ゲゲゲの鬼太郎チョコ」をとり出し、「これをあげよう」などと重々しくいって差し出して、うれしそうに笑っていました。

男の子用の鬼太郎のブリーフがどっさり送られてきたとき、私はこれを使わないのはもったいないと思って、体育や健康診断のある日以外は、娘たちにはかせました。

「これ、はいていきなさい」

「でも、これ、男の子のだよ」

「パンツだもの、他の人にはわからないわよ。体操と、健康診断がある日だけ、女の子のものをはいていけばいいでしょ」

「エエ〜!?　でも、やっぱり恥ずかしい」

「恥ずかしくなんかない。ちゃんと洗濯して、きれいだし。もったいないじゃない」

そう私がいうと、娘たちはしぶしぶながらもはいていってくれました。

当時はまだキャラクター・ビジネスというものが確立されていませんでした。版権者（鬼太郎の場合は水木プロ）の権利というものも、いまほど明確ではなかったようです。ですから、世間で「鬼太郎ブーム」と騒がれる割には、当時の水木プロにはさして版権収入があったわけではなかったのです。次々と送られてくるキャラクター商品を見て、鬼太郎に人気がある証拠だと素朴に喜んでいるばかりでした。鬼太郎人気で水木の仕事は増えたものの、多数のアシスタントを雇わなくてはならなくなり、出ていくお金も多かったのです。そのため当時の私たちの手元にはお金はそれほど残りませんでした。

ゲゲゲの娘

ところで当時、女の子たちに人気があったのは、「リカちゃん人形」でした。尚子の友だちは、ほとんどの子が持っていましたが、わが家でようやく買ってあげたのは尚子が小学校にあがったころでしょうか。

それまでは、娘たちは、キャラクター商品の見本として送ってもらった「おしゃべり鬼太郎人形」などで遊んでいました。娘たちは鬼太郎のちゃんちゃんこがボロボロになるほど、よく遊びました。ちゃんちゃんこがみすぼらしくなると、私が別に毛糸でちゃんちゃんこを編んでやりました。

でも、尚子も悦子も、鬼太郎人形を持って、お友だちの家に遊びに行くことだけはしませんでした。テレビアニメがはじまると、「水木しげる」という名前を、近所の子どもたちも知るようになってしまいましたが、娘たちは自分が水木しげるの子どもであることを伏せておきたかったようなのです。

個人情報が公開されないことが常識となった現在とちがい、あのころは子どもたちの名簿に、親の職業もあわせて記載されていました。私が学校の調査票の親の職業欄に「マンガ家」と書いて提出してしまったため、当然ながら、名簿にも、そのように記されてしまいました。会社員、自営業、会社役員、医師、会社員……そんな中にひとりだけ「マンガ家」とあるわけですから、とても目立ちました。

「マンガ家じゃなくて、自由業とか文筆業って書いたら、ダメなの？」

尚子が私にそう聞いたことがありました。いまなら、そのときの尚子の気持ちがわかります。でも、必死でマンガを描いて、ひどい貧乏をやっとの思いで脱出して、ようやく人並みの暮らしができるようになったばかりのころでしたから、私は尚子のその気持ちまで思いやることができませんでした。

「あれだけ一生懸命(いっしょうけんめい)、お父ちゃんがマンガを描いているのにそんなことをいうなんて。お母ちゃんは悲しい。あんたはお父ちゃんが嫌(きら)いなの？」

そんな言葉をぶつけてしまうこともありました。尚子は一瞬、言葉につまり、考え込んだ後、ぽそりといいました。

「お父ちゃんは好きだけど、水木しげるの娘だって、いわれるのはいやだ」

娘たちが、そういうようになったのには、よく聞いてみるとワケがありました。

水木があまりに有名になり、娘たちにも、常に「水木しげるの娘の〜」というレッテルがついて回ってしまうので、何かというと「水木しげるの子だから……」といわれてしまうことが辛かったというのです。

おまけに、水木しげる＝妖怪＝おばけ。水木しげるの娘＝妖怪の娘＝おばけの仲間。そんな風にはやされることもあったようです。鬼太郎がテレビアニメになっていましたから、他のクラスからも「ゲゲゲの子どもって、だれ？」と覗きにくる生徒もいたそうです。ひどいときには、テレビアニメになっているからといって「おまえんちは金持ちなんだろう。いいなぁ」といわれることもあったそうです。「全然、金持ちなんかじゃない！　ものすごく貧乏だったんだ！」と本当のことをいっても、聞いてもらえないこともあったといいます。

娘たちは私譲りで、引っ込み思案なところがありますから、注目されたり、目立ったりするだけでも、さぞ辛かったことでしょう。でも、娘たちは水木の前では、そういうことを一切いいませんでしたし、顔にも出しませんでした。

一生懸命、家族のために働いている水木の姿を娘たちも身近に見て育っていたから、誰より水木に感謝していたのでしょう。娘たちを心から思ってくれる父親に、心配をかけたくなかったのだとも思います。そんなこともあったのか、幼稚園や学校に関することは、ほとんど水木に話しませんでした。

ただ、父親参観の前の日には、

「お父ちゃん、明日は父親授業参観だから見にきてね。セーターとかじゃなくて、背広を着て、普通のお父さんみたいにネクタイを締めてきて。お願いね」

などとお願いをしていました。

でも、仕事に追われる水木が授業参観に行けたことは、ほとんどなかったと思います。

二〇メートルの家出

水木が売れっ子のマンガ家になって、生活はだんだん安定してきましたが、私は貧乏時代には味わったことがなかった寂(さび)しさを感じはじめていました。

プロダクションにしてから、アシスタントも増えて、水木はみんなの先頭に立って走り続けていました。わが家の建物の多くの部屋がプロダクションの仕事場になり、そこには義弟の幸夫さん、兄嫁の澄子(すみこ)さんもやってきて働いていました。水木の両親も、いました。そして私の仕事は、残った自宅部分の部屋にいて、子どもの世話をし、家族の三度の食事や、アシスタントの人たちの夜食をつくることでした。水木の仕事の中身については、まったく関知することがなくなったのです。

唯一の家庭の団欒(だんらん)は、夕食の時間。でも、水木はゆっくりできません。夕食はいつも新聞を傍(かたわ)らにおいて食べながら読んでいる状態でした。そして食べ終えると、また仕事に戻っていきます。

貧しかったころには、私だって非力ながらも水木の仕事を手伝ったりしてきたのに、たまに「最近、仕事のほうはどうなの?」などと聞こうものなら、「引っ込んどれ!」「おまえは家のことだけやっとればええ」といって、まともに答えてくれませんでした。

水木は文字どおり、二四時間仕事漬けでした。マンガの構成やアイデアのことがいつも頭から離れないようで、夜中だって寝ている時だって、何かを思いついたら、パッと起きて、枕元においたメモ帳にちょこちょこ書き留めていました。

締め切り前や作品の筋で詰まっているときなどは、ピリピリするのがわかりました。寝室では、奥から尚子、悦子、私、水木と並んで眠ります。水木が休むのはいつもいちばん最後なので、最も出入り口に近いところに寝ていたわけです。子どもたちは、朝、水木を起こさないように、忍び足で部屋を出ていかなければなりませんでした。そんな日々が続いたために、ついには、水木だけ寝室を別にすることになってしまい、わずかな夕食の時間を除いて、家族四人がひとつ所にいるということが、まったくなくなってしまいました。

このころの水木は、私が子どもや義父母のことで相談しても、「おまえは同じことをやってくれりゃええ」「だまっとれ！」「理屈をいうな！」「いわしちょけ！」というだけ。編集者や水木プロダクションの人たちとは長い時間、熱心に仕事の話をしたりしているのに、私とは会話がまったく続かなくなってしまったのです。

何ごとも水木の両親や兄弟の家が優先で、最後がわが家という順番も相変わらずでした。それよりなにより、私の目を見て話してくれることがほとんどなくなったことが、寂しくてたまりませんでした。貧乏時代よりも、正直、この時代のほうが私にとっては、精神的に辛い時代だったかもしれません

次女の悦子が幼稚園のころに、富士山の別荘地に小さな山小屋を買い求めました。あれはその一年後ぐらいのことだったでしょうか。水木の仕事がひと息ついたのでしょう。夕食が終わったときに「次の日曜、富士山に行こうか」と、突然切り出したことがありました。いつもなら、私もうなずくところなのですが、そのときはそういう気持ちにどうしてもなれませんでした。

だまったまま食器を洗っていた私に、水木はいらだち、大声で怒鳴りました。

「返事をしろ！」

「……」

「なんで返事をしないんだ！」

「……行かない。私は行かないから」

私は声をふりしぼるようにしていいました。精一杯の抵抗でした。私にだって、気持ちがあることを、私は水木に伝えたかったんです。

でも、水木は新聞をがしっとつかむと、いきなり飯台に叩きつけました。

「おまえは、おれのいうことが聞けないのか！　行くぞ！　富士山に！」

水木の剣幕に、小学校にあがったばかりの悦子が大声で泣き出しました。

そのとき、いまのこの人には、何をいってもわかってもらえないという思いが私の中で爆発しました。この人は、私の気持ちを斟酌する気持ちをなくしてしまったのだ、と。

私は、食器を洗う手を止め、水道を止め、エプロンで手をふき、気がつくと玄関のドアを開けて、走り出していました。もうこの家にはいられない、と心の中で叫び続けていました。

けれど、二〇メートルくらい走ったところで、もっと寂しくなりました。いったい、この家を出て、私はどこに行こうというのか。振り返ると、わが家が見えました。灯りがポッと窓からもれる家。私の大事なもののすべてが、この家にあるというのに、私はそれを捨てる覚悟があるのか。そんなわけがありませんでした。

空が澄んでいる夜でした。星がきれいにまたたいていました。

一時間あまり、あたりをとぼとぼ歩き続け、私はまた家に戻りました。

泣いているとばかり思った悦子と尚子がニコニコしながら迎えてくれたのには、驚きました。

「お姉ちゃんが、お母ちゃんは絶対戻ってくるから大丈夫って」

「尚子がそういって、えっちゃんを慰めてくれたの?」

すると、小学校の高学年だった尚子がけろりといいました。

「うん。……えっちゃん、ほらね、お姉ちゃんのいったとおりだったでしょ。お母ちゃん、ちゃんと帰ってきたでしょ。私たちやお父ちゃんをおいて、お母ちゃんがどこかにいくはずなんてないんだよ」

胸がいっぱいになりました。娘に教えられたような気がしました。

水木は何もいいませんでしたが、ホッとしたんだろうと思います。翌朝、水木のほうから、

「今日はいい天気だな」なんて話しかけてきましたから。

それから数日後、私は尚子と悦子を連れて、調布の西隣りの街、府中まで買い物に出かけました。久々の買い物だったので、昼ごはんも食堂で食べたりしてゆっくりして帰ってきたのですが、帰宅してびっくり。

「そこまで行ってくるといって出かけたのに、昼すぎても帰ってこない。しげぇさんが、布枝さんが子どもを連れて出て行ったんじゃないかと、おろおろして。ものすごく心配してたのよ。

よかった、帰ってきてくれて」

兄嫁からそう聞かされて、うれしくなりました。

水木は、私と娘たちは、自分と一心同体だと思っているのだと思います。「おれのいうことを聞いていればいい」という気持ちでいるのは、それだからでしょう。何に関しても、水木が私たちをいちばん後回しにするのも、そのせいなのでしょう。

そんな水木の気持ちがわかっていても、ときにはどうしても納得のいかないこともあったのです。水木が売れっ子になってからの数年間は、そうした自分と、私は何度も何度も向き合わざるをえませんでした。

水木も寂しかった……?

いまにして思えば、この時期には水木も苦しんでいたのです。立ち上げて間もない水木プロと一族を率いる身として、周囲に弱音を吐く姿を一切見せられないので、寂しかったのでしょう。水木の描いた自伝マンガ『ボクの一生はゲゲゲの楽園だ』には、多忙を極めたころの自分自身を回想して、こんな風に書いています。

〈マンガ……それはきつい商売だ　ぼくのまわりには七人のアシスタントと一族がいたから
おいそれとやめるわけにはゆかない
あるいは長年の貧乏が去って　ゼイタク心が芽生えたのかナと思ったが、それにしても世の
中は変わったが　ぼくの労働時間は変わらなかった〉
〈調布の町に高速道路がついたり　ビルができたりしたがボクの生活は変わりなかった
いや変わりのない生活を喜ばねばいけないのだ………なぜ？
なぜって………自由業には収入の保証がないから仕事があれば天国と思わなければいけな
い〉
〈「解放されたい」と何度か思ったが、これは食えるようになった安心感からくるゼイタク病
だと自分自身でいましめたりしてみた〉

（水木しげる作『ボクの一生はゲゲゲの楽園だ』より）

水木は家族、一族、アシスタントたちの生活を思い、自身の心と体に鞭打って、無理に無理

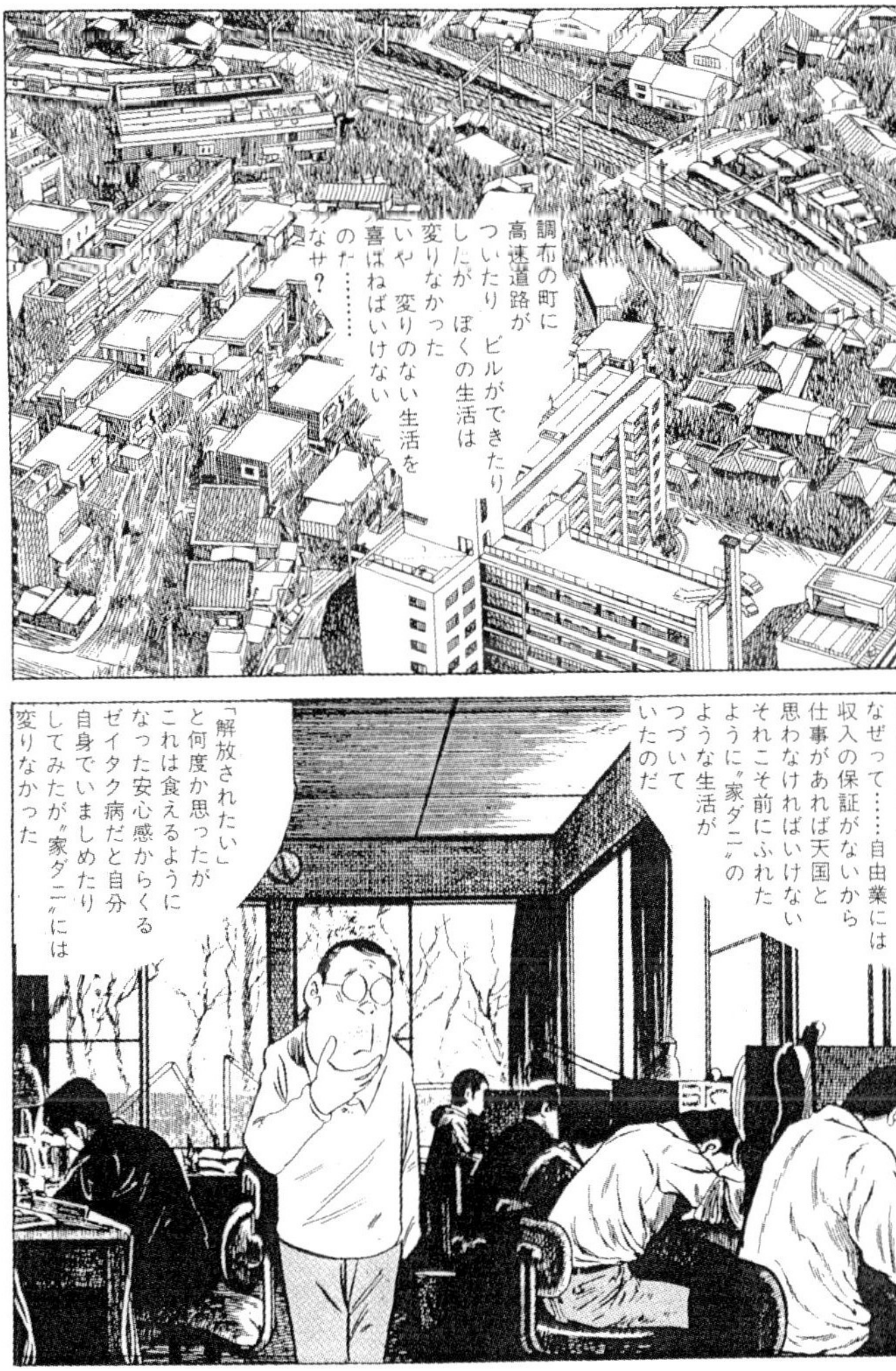

水木しげる作『ボクの一生はゲゲゲの楽園だ』（講談社刊）より。

を重ねていたのでしょう。私や娘たちの気持ちを思いやる余裕がなくなっていたとしても、責めることはできません。

しかし、そうした無理は、やはり私の知っている水木らしくありません。本当に好きなことだけを一生懸命やるのが水木の本当の姿だからです。

そうして、ついに水木も気がつくときがやって来ました。

さすがの茂鉄もダウン

水木は、眠る間もなく仕事に明け暮れる時期を五、六年ほどすごしたところで、一度、急にめまいがして倒れたことがあります。すぐさまお医者さんに来てもらって診察(しんさつ)してもらうと、「過労」だといわれました。心配していた仕事のしすぎでした。

そして、タバコもやめるようにいわれました。

それまで水木はタバコをかなり吸っていました。絵を描いていると、ひとつしかない手がそれでふさがってしまいますので、タバコ係りの人がいた時期もあります。

「タバコ」

というと、水木の口にタバコを入れ、ライターで火をつけるのです。そしてひとくちだけ吸うと、タバコを消しました。だから、灰皿はすぐにいっぱいになりました。

義母はタバコの害のことも心配していて、私に水木のタバコをやめさせるようにと、結婚以来ずっといっていたのですが、水木は聞く耳を持たず、いつも右から左に受け流してしまっていたのです。

でも、医者からいわれたのを機に、水木はきっぱりとタバコをやめました。

「少年マガジン」にデビューしたのが四三歳、猛烈に忙しくなったのが四四歳、それから必死で走り続けて五〇歳をすぎ、心と体がついに悲鳴をあげたのだろうと思います。それから少しずつ、仕事をコントロールするようになり、あちこち、旅に出るようになりました。

最初に水木が行った海外旅行は、パプア・ニューギニアでした。

昭和四六（一九七一）年から、夏休みシーズンには宝塚ファミリーランドで水木しげる監修による「お化け大会」が開かれるようになったのですが、まさにその年に宝塚ファミリーランドで、水木は偶然、軍隊時代に上官だった軍曹殿と出会い、戦時中に自分たちが派兵されていた南方を訪ねようと、ふたりで意気投合したのでした。

実は、私たち家族もふたりの出会いの場にいました。それまでは、子どもたちは夏休みでも、お化けにとっては繁忙期というわけでマンガや妖怪画の依頼が増えて、常に水木の仕事は山積み。さらにあちこちで開かれるお化け大会や妖怪関係の催し物にも顔を出してくれという依頼もあり、いつもより忙しいくらいでした。

水木も私も、いつか娘たちを遊園地やプールや山や海などにゆっくり連れていってやりたいと思っていました。ところがこの年の夏から、「お化け大会」が開かれる宝塚ファミリーランドに、うれしいことに家族も招待してもらえることになりました。私たち親子だけでなく、義父母も一緒に押しかけ、宝塚遊園地のそばにある系列のホテルに泊まらせてもらい、夏休みらしい夏休みを満喫（まんきつ）させていただいていたのでした。実は、最初の滞在となったときには、義母は関西の知り合いまで呼んで泊まらせてしまいました。水木は「とんでもない！」と首をひねり、翌年からはそういうことはやめるように説得して納得してもらいました。

娘たちは滞在中、プールに行ったり、遊園地で遊んだり、宝塚歌劇をみたりして楽しんでいました。滞在したホテルでも、みんなでおいしい料理を味わって、豊かな気分を満喫していたのです。

そんなある日のこと。

「オレはもしかしたら、ニューギニアに行くかもしれない」

水木がいきなりそういったのでびっくりしてしまいました。そして、上官と会った話をしてくれたのです。でも、私も義父母も、まさか水木が本当に行くとは思いませんでした。わざわざパプア・ニューギニアに行く人なんて、当時、ほとんどいなかったのではないでしょうか。

アメリカやヨーロッパに行く人が少しずつ増えはじめたような時期です。旅するなら文明国というのが普通の人の考えでした。

はじめは驚いたものの、私には水木がパプア・ニューギニアを訪ねたいと思う気持ちがわかりました。水木にとっては、戦争時代に、多くの戦友を失った土地であり、マラリアにかかって、左腕を失い、何度も生死の境をさまよった場所であると同時に、現地の人と仲良くなり、その楽園のような生活に憧れた場所でもありましたから。

以後、軍曹殿と出かけた旅を皮切りに、パプア・ニューギニアのニューブリテン島を、十数回も訪ねることになりました。

パプア・ニューギニア移住計画

パプア・ニューギニアから帰ってきてから、水木はふた言めには、「向こうに永住しよう。向こうは楽園だ!」というようになり、これには、家族全員、困りはてました。水木はすっかりパプア・ニューギニア熱におかされてしまったのです。

一日中、向こうで録音してきた現地の人の歌をかけていました。それは本場で聴けば、心に染みるものなのかもしれません。でも、素人が小さなカセットテープにとってきた、雑音がいっぱい入ったものを、連日連夜、どっぷりくり返しくり返し、聞かされるのは、家族にしてみれば、ちょっと辛いものがありました。

水木はまた、向こうで撮ってきた八ミリを何度も家族の前で上映しました。自分が見たいので、上映するわけですが、そのたびに家族をひとりひとり呼びに来て、一緒に見ようというのです。私も娘たちも「またか……」と思いながらも、水木につきあっていました。

そして夕食後にはきまって、いかにニューギニアが楽園かということを水木は力説しました。

「星がきれいだ。まわりには人工の光はない上に、空気もきれいだからだ」

「美しい自然があって、常夏の気候だから、洋服もほとんどいらないし、家も屋根と壁があればいいだけだ」

「パパイヤやバナナがあるから、食べ物には困らない」

最初はまともに反対していた私たちも、だんだん、「はい、はい」とか「いくらいっても、移住はしたくないから」と受け流すようになりました。

しかも、水木は根っからの正直者ですから、いいことだけでなく、楽園の裏側までこと細かく、しかもおもしろおかしく説明してしまうのです。

「この間行ったときに飲んだ水の中にはボウフラが湧いていた」

「あそこで栽培しているイモは戦時中の日本が改良した農林一号とかいうものなんだろうな。

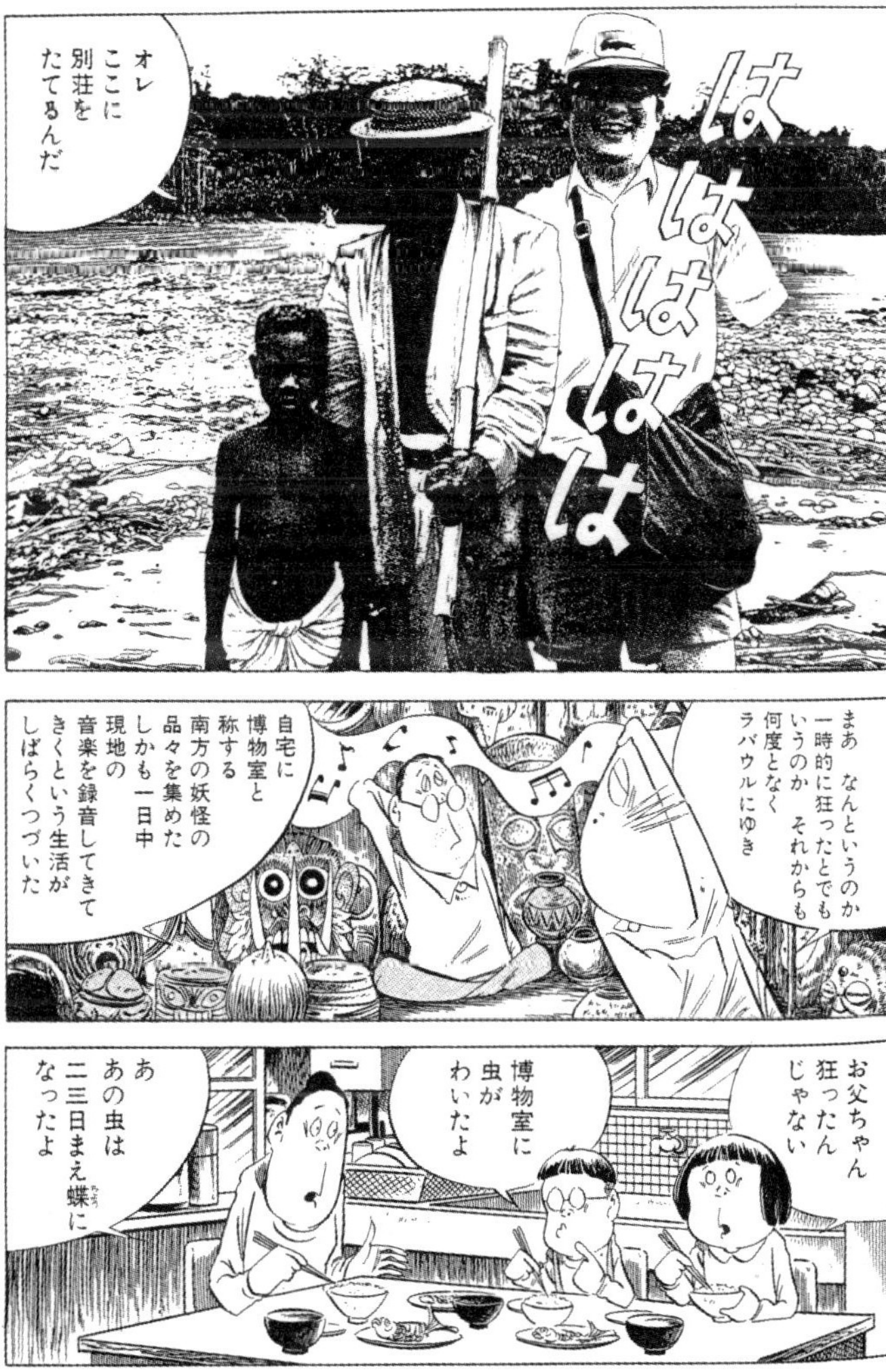

水木しげる作『ボクの一生はゲゲゲの楽園だ』（講談社刊）より。

ものすごくまずくて、オレもさすがに食えなかった」

「戦時中、舟に乗っていたときに、川に落ちた帽子を拾おうとした仲間があっという間にワニに食われておそろしかった」

「マラリアは怖いぞ！　蚊に刺されたらおしまいだ」

「風呂はないが心配するな。スコールで十分だ」

そんなことまで話すものだから、私だけでなく、娘たちからも賛同はまったく得られませんでした。

それでもめげることなく、水木はいい続けました。でもやがて移住のことはいわなくなったのでついにあきらめたかとホッとしていたら、数年後に突然、宣言したのです。

「オレだって、すぐに永住しようとは思っていない。仕事もあるから、向こうに半年、こちらに半年。それでどうだ？」

「あきらめきれないから、ひとりでも移住するかもしれない」

水木はそのことを、ずっと考えていたのでしょうか。そして様子を見に行ってくるといって、またしてもパプア・ニューギニアに出かけたのですが、その間に現地では電気も引かれ、お金でものの売買をするようになり、みな忙しく働くようになったのを目の当たりにして、水木は相当がっかりしたようです。以来、楽園移住計画のことは口にしなくなり、やがて中止になりました。

水木は目標を失ったようでしばし意気消沈していました。かわいそうだとは思いましたが、家族としては、正直なところ、ホッとしました。水木にひとりで移住されても、困りますから。

とにかくユニークな義母

義母はとにかくユニークな人でした。水木のバイタリティは、たぶん義母から受けついだのではないかと思います。

また義母は、さまざまなエピソードの持ち主でもありました。戦争時代に、バケツリレーの練習にも参加しなかったそうですし、祝日にみんなが国旗をかかげていても、自分の家の門には絶対にかかげようとしなかったのだそうです。理由を聞くと、「負け戦とわかっているのに、そんなもん、やってもムダじゃろが」と得意げにいうのです。

安来の私の実家は子だくさんでしたが、水木は三兄弟。子どもの数に関しても、こだわりがありました。

「布枝さん、あんた、サンガー夫人を知っとうか？　子どもは、たくさん産めばええというもんではない。これからは子どもは少数精鋭だと思って、私は自分で産児制限をしたんよ」

サンガー夫人とは有名なアメリカの産児制限運動家・マーガレット・サンガー女史のこと。戦前、しばしば来日していました。あの「産めよ、増やせよ」の時代に、なにかの記事で、義母はサンガー夫人の考えを知って、実践したというのですから、たいしたものだと思います。

義母はハイカラな料理が好きでした。私が老人向きに、よかれと思って豆腐料理（義母はお豆腐も好きでした）を出すと「今日はケーザイ（経済）料理！」、鳥なべにすると「今日も安い料理を食べさせられた」と皮肉をいわれてしまうという始末。

かと思えば、水木が忙しいのを心配して、「栄養をつけさせなきゃ、いけん」と、連日、水木の分だけ、うなぎを買ってきたりもしました。こういうときには、必ず、私に領収書をよこして、「はい、七〇〇円！」というようにお金を請求しました。あまりに毎日うなぎを食べ続けたために、水木が太ってしまい、かえって健康に悪いのでうなぎ責めはお願いしてやめてもらいました。

物語を考えたりするのも、義母は好きなようでした。水木が沖縄からシーサーをおみやげに買ってきたときには、「うん。こいつは地下にもぐるのが得意で、地獄でもどこでも行くことができるんだということにして、ぜひ『鬼太郎』に登場させよ」と提案して、水木の仕事場まで押しかけ、「シーサーはいつ、登場するんだ?」と迫ったりもしていました。

また義母は、旅行が大好きで、締め切り前で水木がピリピリしている仕事場にも突然、入っ

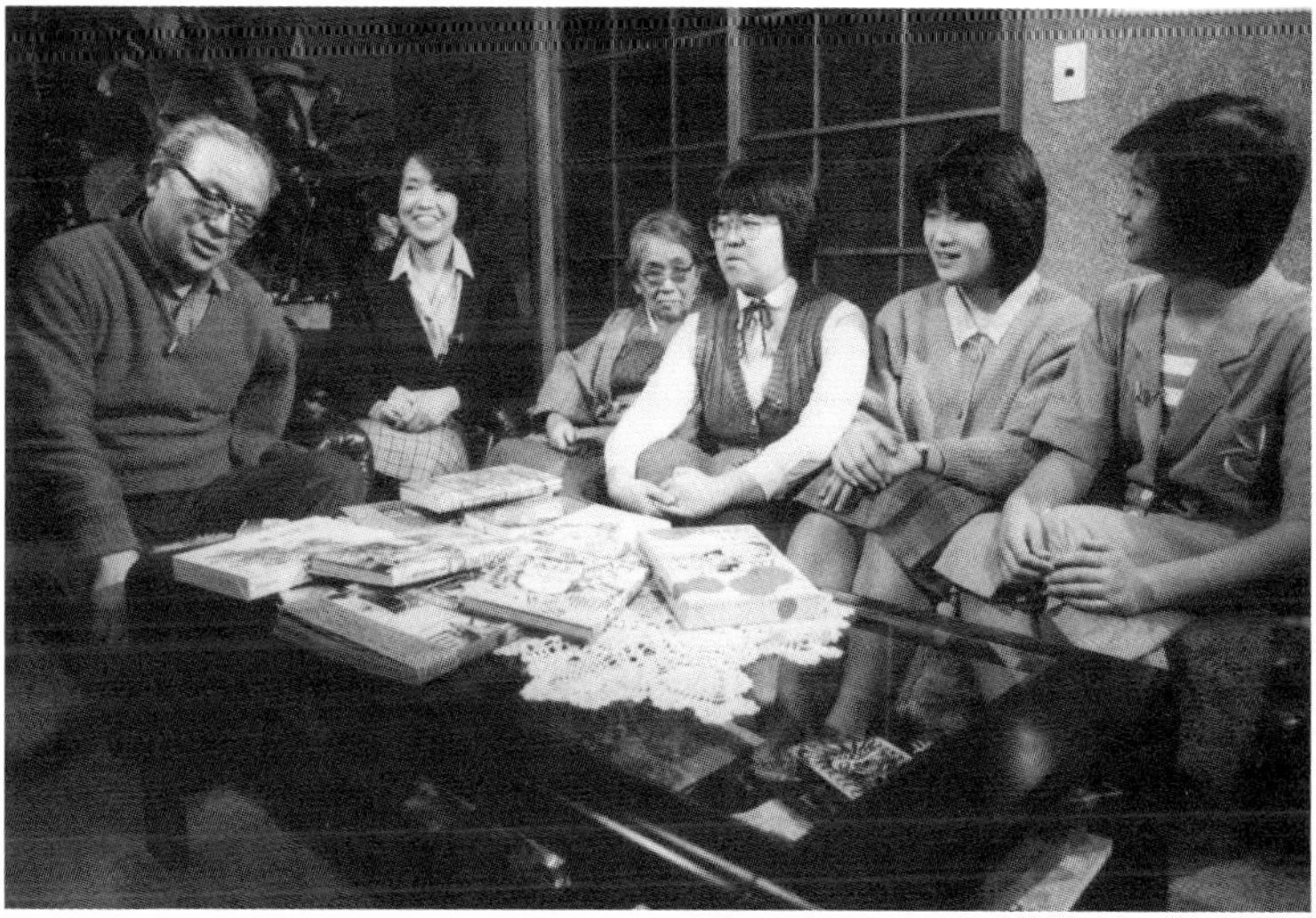

昭和60（1985）年ごろ、テレビ番組の収録のためにそろった水木しげる一家。
左から水木、著者、水木の母・琴江、次女・悦子、長女・尚子。

ていって、必死でマンガを描いている水木の耳元で「ヨーロッパに行きたい！　しげる、ヨーロッパァに連れて行け！」と叫んだりもしました。

気むずかしいところがある義母でしたが、私だけでなく、水木はじめ息子たちも、兄嫁、弟嫁も、全員、同じ目にあっていたので、私は何があってもあまり気にやまずにすみました。

晩年、義父が亡くなった後に、義母は私たち家族の住む自宅を離れ、水木プロの仕事場があるマンションで暮らしました。そのころには、調布駅前のマンションの一室を仕事場にしていて、水木は毎日、自宅から歩いて通勤するようになっていました。仕事場に住んでいれば、毎日三人の息子たちの顔を見られるし、人がたくさんいてにぎやかなのも気に入ったようで、いつも上機嫌でした。仕事場では水木が家政婦さんを雇ってくれたので、以後亡くなるまで、私は話し相手をする程度ですんだので助かりました。

ちらっと見れば、全部わかる!?

水木は他のマンガ家さんの作品をほとんど読みません。自分の作品が掲載されている雑誌が送られてくると、ペラペラめくって他の作品もちらっと見るのですが、それだけでした。それだけで、その作品やマンガ家の本質を見抜いてしまうようなところがあります。

そうしたある種の才能というか直感は、マンガ以外のものに対しても発揮されました。たとえば娘たちが、テレビで「仮面ライダー」なんかを見ているときに通りかかったりすると、ちょっとだけ立ち止まり、テレビを眺め、「次はこうなって、こうなって、こうなって終わりだな」といって去っていくのです。すると、本当に水木のいうとおりになってしまうのでした。やがてテレビを見ているときに水木がとおりかかると、娘たちが先を制して「お父ちゃん、次のことはいわないで！」というようになりました。結末がわかってしまっては、つまらないからです。

ちなみに、家族でテレビを見るときには、チャンネル権は当然ながら、水木にありました。水木はテレビドラマがあまり好きではないらしく、まったく見ませんでした。好きなのは洋画と、探検ものでした。尚子が小学校の一、二年生のときの大晦日に、水木の希望で、紅白歌合戦ではなく、家族でヒッチコックの「鳥」をみたことがありました。私でさえ怖かったのですから、小さかった尚子はもっと怖かったらしく、以来、しばらくの間、鳥を見ると怖がっていました。

水木が好んで見ていたのは「世界の謎を探る」といった、ミステリータッチのドキュメンタリー番組。歴史の謎、自然界の脅威、ＵＦＯやバミューダ・トライアングルといった不思議な超常現象の真相などを追った、かつては大いに人気があったジャンルの番組です。たとえば

「川口浩探検隊」。毒蛇（どくじゃ）や人食いワニを追ってアマゾンに行ったり、ミンダナオ島の未開民族を訪ねたり、パラオ島奥地に生き残り日本兵を探しに行ったり、ミイラの発掘をしたり、地底大洞窟（どうくつ）を歩いたり……水木はこういった番組は、とても気になっていたようでした。実際、水木はこうした神秘が感じられるとされる場所に、自ら好んで旅行に出かけています。

　ところで長女の尚子は中学生のころは手塚治虫（てづかおさむ）さんのファンで、手塚さんのマンガをかなり持っていました。水木は手塚さんのマンガを読んだ様子はまったくありませんでしたが、例によって、ちらっとは目をとおしていたのでしょう。しかし、尚子がかなり熱心に手塚マンガを愛読していたことは、やはり水木には気になったようです。

　そういえば、後年、水木が手塚治虫文化賞という賞をいただいたときの受賞式で、手塚さんの長男の手塚眞（まこと）さんが、

「私は子どものころ、水木さんのマンガが好きで、私が熱心に読んでいるのを見て、父はかなり気にしていたようです」

　と挨拶（あいさつ）されて、会場の笑いを誘っていましたが、お互い様といおうか、ある意味では、わが家でも同様のことが起こっていたわけで、いまでは微笑（ほほえ）ましい思い出になっています。

妖怪グッズコレクション

水木は子どものころ、いろんなものを収集していたそうです。たとえば漂着物。水木の故郷・境港(さかいみなと)の海岸で、竹や木の根、貝殻などなどいろんなものを拾ってきて、それを行李にいれて押入れにしまっていたら、ある日、悪臭に気づいた義母に捨てられてしまったと、聞いたことがあります。他にも昆虫採集などはもちろん、新聞の題字を切り抜いて集めることに熱中したこともあったそうです。

パプア・ニューギニアを皮切りに、「妖怪冒険旅行」と名づけて、インド、エジプト、バリ、タヒチ、イースター島、ヨーロッパ、アフリカ等々、水木がいろいろな場所を旅するようになると、各地からお面や人形をたくさん買い集めてくるようになりました。あっという間に、そうしたものが家の中にあふれかえってしまいました。この手のものは、ズラリと並ぶと、結構不気味なものです。凝(こ)り性というのでしょうか、これだと決めると、水木には、周囲の迷惑(めいわく)も顧(かえり)みず、とことんその世界にのめり込む習性があるようです。

一部は博物室という名を水木がつけた部屋に飾りました。あふれだしたそれ以外のものは屋根裏や納戸(なんど)に収納するようになりました。しかし、それもじきに一杯になってしまいました。

「お父ちゃん、今度は何を買ってくるかしらね」

水木の帰国の日が近づくと、私と娘ふたりで、よくため息をつきながらそんな話をしました。

そして写真。水木はカメラも好きで、旅行するときには、首からカメラをぶらさげて歩き、気になったものはすべて写真におさめます。一度の旅行でたいへんな数の写真をとってくるので、その整理も大変でした。

最初のうち、水木は仕事関係者と旅行に行くことが多かったのですが、昭和五四（一九七九）年には家族四人で香港に旅行に行きました。翌年には義母を連れてハワイに。義母ははじめての海外旅行にご満悦でした。水木は本当に親孝行で、自分が忙しくて連れていけないときには兄弟に頼んで、両親を温泉旅行に連れていってもらうこともしょっちゅうでした。

自分の楽しみを追求する一方で、絆（きずな）がこれほど強い一族はいないのではないかというくらい、家族、両親ばかりでなく、兄弟の家族にいたるまで、一族みんなの面倒を見ていたのです。

しょっちゅう旅行してはいましたが、仕事には支障が出ないようにという配慮は欠かしませんでした。しかも貧乏が長かったので、お金に関してはなるべく損をしないようにと考えるクセもついていたようです。

水木の自伝

筑摩書房の編集者・松田哲夫さんのことも忘れられません。松田さんは筑摩書房に入る前に、「ガロ」編集部に出入りをして、長井さんの手伝いのようなこともしていたとかで、水木も前から知っていました。ガロの仕事をしていたころは、先に紹介した南伸坊さんと同様に、松田さんもジーパンをはいた、まだういういしい青年でした。

「ガロ」でマンガの仕事をしていた松田さんが、筑摩書房という堅い会社に入ったというので、ちょっと驚きましたが、またわが家を訪れて、水木にすすめてくださった仕事が自伝の執筆でした。

こうして水木の自伝『のんのんばあとオレ』（一九七七年刊行）や『ねぼけ人生』（一九八二年刊行）が生まれました。

水木の子ども時代や戦争時代、紙芝居時代のことなど、断片的には聞いていましたが、この本をとおして、改めて水木は、普通の人とはちがうと、私も感じ入りました。戦争時代にも、その後の貧乏時代にも餓死寸前まで追い詰められたのに、よくぞ、生き延びてくれたとも思いました。

尚子は貧しい時代に生まれ、もの心がついたときも、まだ貧しかったので、これらの本を読んで「そうだったのかぁ」と受け止めていましたが、悦子は「少年マガジン」の連載がはじまってから生まれ育ったため、水木のすさまじい半生を知り、軽いショックを受けていたようでもありました。

ところで、後年、水木は人に「何か書いてくれ」などと頼まれると、よく「なまけ者になりなさい！」とか「がんばるなかれ！」と書くようになりました。私は常々それはおかしいと思っていました。水木は、なまけ者どころか、誰よりも一生懸命生きている人だからです。誰よりも働き、誰よりも努力してきた人だと思います。

はじめて水木が「なまけ者になりなさい」と色紙に書いたのを見たとき、私は「お父ちゃん、なんでまたそんなことを書くの？」と思わず問い質したことがあります。すると水木は「いや、これでいいんだ」ときっぱりといい、「オレは『なまけもの』になれるように、努力すべきときにうんと努力しておけという意味でいってるんだから」ともいいました。しかし、こんな言葉からそんな真意が伝わるのでしょうか。

でも、後に『のんのんばあとオレ』や『ねぼけ人生』を読み返してみて、水木がそういう風に書く意味が、なんとなくわかったような気がしてきました。人生、くそまじめに生きるだけが能じゃない。たとえば上官のいうことをまともに聞いて、現地の人から食べ物をもらうこともなかったら、きっと水木はいま、ここにいないでしょう。人が本来持っている生きるための知恵や本能みたいなものを働かせたからこそ、生き抜いてこられたわけです。「現代人も、そうした『生きる力』を取り戻すべきだ」と、水木は伝えたいのでしょう。こんなことをいうと、水木に叱られてしまいそうですが……。

そうそう、水木はこうもいっています。

「好きなことだけをやりなさい。好きなことは一生懸命やりなさい」と……。

『のんのんばあとオレ』は平成三(一九九一)年にNHKでテレビドラマ化(翌年には続編も放映)され、水木は冒頭に出演しています。このドラマは文化庁芸術作品賞を受賞しました。また『ねぼけ人生』は、冒頭の「先祖のこと、家族のこと」の章が高校の現代国語の教科書(東京書籍刊行)に収載されました。この章では水木の故郷・境港について触れられていて、境港の高校でもこの教科書が使われたそうです。本当に光栄なことだと思います。

ちなみに、この本を企画した松田さんは、他にも画期的な全集や単行本、文庫本シリーズなどを多数企画編集し、赤瀬川原平さんの『老人力』はじめベストセラーも多数手がけた上に、「王様のブランチ」というテレビ番組に出演して本の紹介をするなど大活躍されているということです。松田さんとの出会いも、水木が恵まれた大変な良縁のひとつだったのです。

妖怪なんていない……?

水木はずっと順調に仕事をしてきたわけではありません。人気商売ですから、やはり波はありました。中でも、仕事が急に落ち込んだのが昭和五六(一九八一)年ごろからの数年間です。前年には二本あった連載が、その年、一本になり、新たな連載の依頼が途絶えてしまいました。

実際、その前に描いたものの中には、水木自身が納得していない作品もあったようです。

「家の改築のバタバタが落ち着いたら、本腰を入れようと思っていたんだ」

そんな言葉をもらしたこともありましたから。知り合いが「最近の作品が前とちょっとちがって、おもしろくないと思った」というのを聞いたと伝えると、無念をはき出すようにいいました。

「どうして、それをオレにいわなかったんだ!」

水木の思いを慮(おもんぱか)ると、返す言葉がありませんでした。でも、仮に私がいったとしても、水木は意に介さなかったのではないでしょうか。

食卓の椅子に座って、黙って外を眺めていることが多くなりました。がむしゃらに働いてきただけに、水木はぽっかり胸に穴があいたような状態になっていたのだと思います。強い人ですから、外の人に向かって、その焦り(あせ)を表すことはありませんでしたが、家族の前では、不安を口にすることもありました。

水木は片腕なので、お風呂で背中を流すのは私の役目なのですが、そんなときにポロッといったのが次の言葉です。

「いまの人は、目に見えるものしか信じない。オレがいままでやってきたことはムダだったのか。妖怪なんて、いないのかもしれない」

どんな貧乏をしても、どんなに作品がけなされようと、自信に満ちあふれていた水木が、こんなことをいうなんて、はじめてでした。

事態は相当に深刻でしたが、それでも、私は大丈夫だという確信が心の中にありました。それこそ、貧しかったころに、無我夢中(むがむちゅう)で仕事に取り組む姿から私が感じた、水木の「生き抜く力」への信頼です。どんな逆境も、その力で乗り越えてきた人なのです。考えてみれば、それまでの仕事が順調すぎるほど順調だったのです。

だから、いまは少しだけ弱気になっているけれども、絶対にまた水木は立ち上がってくれる。このまくじける人間ではない。心配はいらない。そう思いました。

このころ大学生だった尚子は自分のことに精一杯の時期。気にはなっていたのでしょうが、あまり水木のことに触れませんでした。でも、次女の悦子は、父親のことをとても心配していました。

とくに、悦子が中学校の修学旅行から帰ってきた日の夕食の会話は忘れられません。

「お父ちゃん、夜中にね、京都の旅館の障子(しょうじ)にね、目みたいなものが浮き上がって動き回ったんだよ。あれ妖怪だったんじゃないかなぁ」

「障子の妖怪……？」

「うん。それでね、その目がどんどん増えてきてね、誰かイタズラしてるのかと思って、勇気を出して障子をあけてみたんだけど、何にもなかったんだ」

「おお、それは目々連(もくもくれん)だ！　ほかの子も見たのか？」

「うん。それで同じ部屋の子たちみんなで大騒ぎになったんだよ」

「そうかそうか、目々連が出たのか……。ハハハハ！」

水木を喜ばせようとした悦子の気持ちがうれしかったのか、水木は悦子と、長いこと、夢中でおばけの話をしていました。

家族四人水入らずの長期旅行

時間に余裕ができたこともあり、この時期には、水木と家族がすごす時間が増えました。昭和五七（一九八二）年に、水木は私と娘をハワイに連れて行ってくれました。またアシスタントひとりをともなってヨーロッパにも出かけました。

そのヨーロッパ旅行がよほど楽しかったのでしょう。翌々年の昭和五九（一九八四）年には同じルートの旅に私と娘たちを連れていってくれました。

女学校で東洋史しか学ばなかったので、西洋史はよくわからない私に、水木は一生懸命、いろいろ説明してくれました。こんなに水木に話をしてもらったのは、本当に久しぶりでした。私の目を見て、しっかりと話してくれたのです。

中でも、水木が興奮したのは、ドイツ・フランクフルトでは、この町に生まれたゲーテの家を訪ねたときのことでした。ゲーテの生まれた部屋や、『若きウェルテルの悩み』や『ファウスト』前編などの名作を執筆した書斎をくいいるように見つめ、私と娘に何度も「ゲーテはオレの生き方の礎になっている」とくり返しました。

辛い時代を水木とともに乗り越えてきたわけですから、熱弁する水木の横顔を見ていると、私も胸が熱くなりました。

家族四人でのんびりしたハワイ旅行、そして水木がたくさんのことを教えてくれたヨーロッパ旅行。このふたつの旅行は、私にとって特別なものでした。旅行を通して、「水木は、私たち家族のことを思ってくれているんだ」と、改めて実感することができました。家族の絆（きずな）を確認できたのです。

「妖怪画」を描き貯める

水木はこの時期、コツコツと妖怪の絵を描いていました。仕事の注文がないからといって、アシスタントに急にやめてもらうわけにもいかないので、妖怪の絵をきっちり描くことを思いついたのでしょう。

最初に彩色した「妖怪画」を発表したのは、講談社児童漫画賞を受賞した翌年に、「週刊少年サンデー」の巻頭に「ふしぎなふしぎなふしぎな話」という題で連載したのがはじまりです。以後、時折依頼を受けて妖怪の絵を発表してきていました。

そしてこの時期からは、細かなタッチで描いた妖怪の絵を、少しずつ描き貯めておくようになったわけです。

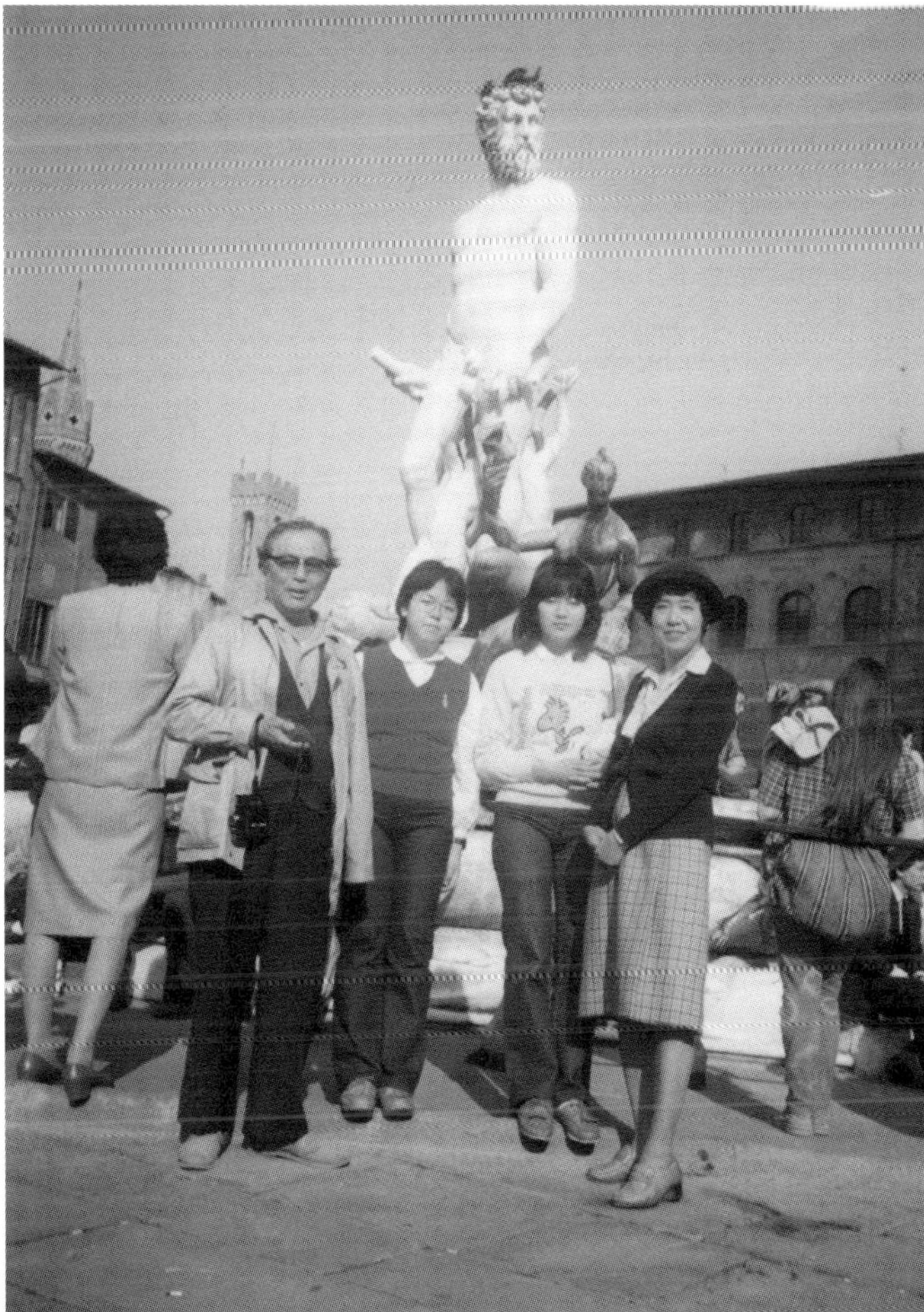

昭和59（1984）年、アテネにて。家族4人で出かけたヨーロッパ旅行でのスナップ。

それらを、まず紫綬褒章を受章した平成三（一九九一）年に四二三の妖怪画を一冊に収めた『日本妖怪大全』として講談社から刊行しました。

続いて、その翌年からは、岩波書店から『カラー版妖怪画談』（岩波新書 正・続）や『カラー版妖精画談』として刊行されました。『妖怪画談』は、大きな反響を呼び、ベストセラーになりました。結果的には、この時期に水木が妖怪研究者として世に認められるきっかけができたのです。

さて、時代を戻しますが、昭和六〇（一九八五）年、「鬼太郎」の三シリーズ目の新作テレビアニメが放映されると、水木はまた忙しくなり、しばらく続いたスランプ状態から脱出しました。そして再び仕事に自信を持って打ち込むようになりました。また仕事最優先の日々がはじまったのですが、私が以前のような寂しさに悩まされることはありませんでした。スランプの時期に水木が私たちに見せてくれた本音に触れて、水木が私と娘たちのことを本当はいちばんに思ってくれていたんだと心から納得できたからです。私は、素直な気持ちで、これまで以上にこの人を支えていきたいと思えるようになっていました。

テレビアニメ「ゲゲゲの鬼太郎」の新作シリーズの放映は、昭和四三（一九六八）年から、昭和四六（七一）年から、昭和六〇（八五）年から、平成八（九六）年から、そして平成一九

(二〇〇七)年からと五度に及び、平成二〇(〇八)年からは「墓場鬼太郎」のテレビアニメの放映も開始されました。新作アニメの放映がはじまるたびに、「鬼太郎」は話題になりました。これはおそらく水木の、大きなエネルギーの源になってきたと思います。本当にありがたいことです。

「着物をつくれ」

鬼太郎が三度目のテレビアニメになった翌年の昭和六一(一九八六)年に、水木は「週刊少年マガジン」で『新編ゲゲゲの鬼太郎』の連載をはじめることになりました。水木も水木プロも活気を取り戻していました。そしてこの年は、水木プロは創立二〇周年にあたっていたので、お世話になった方々を招いて、帝国ホテルで「記念謝恩パーティー」を催すことになりました。

私は、そういう晴れがましい舞台に出ることは、あまりなかったので、どんな服装にしようかと兄嫁に相談していたら、水木が突然いいました。

「いい着物をつくれ」

水木が、結婚してはじめて、私に着物をつくれといってくれたのでした。買うなんて、思ってもみなかったので、私はびっくりしてしまいました。

「だって、着物はそれなりの値段がするんですよ。あるものでいいですよ、もったいない」

「いや、つくるんだ。ほら、日本橋のなんとかいう百貨店、あっただろ。あそこに行って、選んで来い」

あんまりいってくれるので、浦和の姉と、日本橋の高島屋に行き、薄水色の付け下げと水色の帯を思い切って買いました。高価なものだから、長く着られるようにと、うんと地味なものを選びました。

パーティーは七月二日でした。帝国ホテルの会場には、これまで水木を支えてくださった方々が大勢集まってくれました。私の知らない人がほとんどでしたが、青林堂の長井さんと彼のお姉さんが私に「おめでとうございます」と声をかけてくれたことをよく覚えています。もちろん、東考社の桜井さんも駆けつけてくれました。

これまでのたくさんの苦難を水木は持ち前の底力で乗り越えてきました。そして、水木は、こんなに多くの人たちに祝福されるようなご縁に恵まれてきたのだということを、パーティーに集まってくださった人たちひとりひとりの顔を見つめながら、心の中で感謝しました。

私に「着物をつくれ」という気づかいをみせてくれたのも、水木と私たち家族との絆が、強固なものであることを再認識させてくれた言葉として、思い出となりました。

七章

終わりよければ、すべてよし

ご先祖様が山陰に呼んでくれた

水木プロが創立二〇周年を迎えた年の二年前、昭和五九（一九八四）年の一〇月、義父が八八歳で亡くなりました。

その一五年ほど前に、境港から私たちの家に義父母ふたりで移ってきて、以来、境港に戻ることもなかったので、私たちはてっきり、義父母のお墓はこちらで新たに求めるものだと思っていました。私たちはもう長年、東京で暮らしていますし、娘たちも東京を離れないでしょうから、境港はお墓参りするにしても、遠すぎたからです。というより、武良家はすでに東京の人間になりきり、境港とは事実上縁が切れてしまっているものと、みんな思っていました。実際の距離以上に、心の中で、境港はあまりにも遠い場所になっていました。

それで、その数年前から、義兄夫婦があちこちの霊園を見にいっていました。そんな中からみんなが気に入った御殿場の霊園を予約したりもしたのです。でも、御殿場では遠すぎるということで、後になってキャンセル。その後も、都内のお寺などを中心に、あちこちさがしていました。

ところが、義父は亡くなる前に突然、「やっぱり、わしは境港に埋めてくれ！」といったのです。みんなでお墓さがしをしていたときは何もいわなかったのに、いよいよお迎えが近いと感じたときに、自分が生まれたところに、帰りたいと思ったのでしょう。

その義父の気持ちにはこたえなくてはいけないと、水木も私も思いました。それで、境港のお寺にお願いして納骨することにしました。そのお寺には、武良家先祖代々の墓があるので、そこに一緒に納めることになったのです。水木が小さいころ、のんのんばあに連れられて、「地獄極楽絵」を見たあの正福寺です。

その墓に義父の骨を納めて間もなく、境港で、水木の妖怪のブロンズ像を駅前通りに設置したいという話が持ち上がりました。どこの地方都市もそうでしょうけれど、境港でも、昔はにぎやかな中心街だった駅前通りがさびれてしまい、シャッター通りになっていました。なんとか人が歩く町にしたいと、市のプロジェクトチームが考えた末に、水木の妖怪に目をつけたということでした。

市の職員の方は、わが家にも見えました。そして、いかに水木の妖怪が境港にぴったりなのかを、エネルギッシュに話してくれました。

それまでに水木の作品はテレビアニメだけでなく、映画や数々の商品にもなっていましたが、それとはまたちがう喜びを水木は感じているようでした。自分の故郷の中心街に、これまで心血を注いで描いてきた妖怪の像が並ぶというのですから、本当にうれしかったのでしょう。

「不思議だな。オレはいつのまにか、えらいもんになるらしいぞ」

話が本決まりになったとき、水木が満足げにつぶやきました。

その二年後、島根の安来(やすぎ)に住んでいた私の父が亡くなり、またふたりで安来と境港に帰りました。そしてさらにその翌年、兄嫁の澄子(すみこ)さんが、まだ若くして亡くなり、彼女も境港の墓に納骨しました。そのために、それぞれの一周忌、三周忌という具合に、急に境港と行ったり来たりすることになり、そのたびに妖怪ブロンズ像制作について話を進めました。

東京暮らしが人生の半分以上を占めるようになった私にとっても、安来は遠い存在になっていたのですが、このころから、急に帰る機会が増えたのです。

まるで、私たち夫婦のご先祖様が、水木と私を山陰に呼んで下さっているような気がしました。

夫婦で互いの健康を気づかう

昭和六二（一九八七）年には、水木プロダクションの経理をずっと担当してくれていた兄嫁の澄子さんが亡くなりました。胃ガンでした。まだ六二歳の若さでした。手術さえすれば、また家に元気で戻ってきて働いてくれるとばかり思っていたので、誰もが大変なショックでした。

兄嫁の訃報は水木にとっても、大変悲しい出来事でした。

「まわりの人間が、もっと澄子の体調に気がついてやればよかったんだ」

「澄子はなんでも自分でやるから、体のことも自分でうまくやると、みんなが思っとったんだ。でもやっぱり、自分では気がつかないこともある。まわりが見てやらないといけなかった」

神戸時代、西宮時代も、巣鴨プリズンに収監されていた兄に代わり、生活の面倒をみていたので、水木にとっては、兄嫁というより、本当の姉のような感じだったのでしょう。若くして亡くなったことが残念だと、くり返しそういっていました。

兄嫁の葬儀が終わって、落ち着いたころから、水木は私の体の心配をしてくれるようになりました。私はちょうどそのころから、ひざの痛みに悩まされるようになっていたのです。

「ひざが痛い？　冷えたんじゃないか？　厚い靴下をはけ」

「階段をおりるときが辛い？　それは医者に行ったほうがいいぞ」

「太りすぎてはよくない。その饅頭は食うな」

自分は大の医者嫌いのクセに、ちょっとでも私が不具合を訴えると、医者に行くまで「行け、

かったので、正直、うれしく感じました。それまで私の体を気づかってくれたことなどな

また、雑誌などで見つけた健康記事を、水木は拡大コピーして、仕事場のドアや壁に張るようになりました。

「腹八分目、医者要らず！」

「早歩き二〇分を週二回行うのが健康の秘訣！」

「一日の塩分量を小さじ一杯に」

「ゴマは『不老長寿の秘薬』」

はり紙はどんどん増えに増え、二重三重にはってあるものもありました。

「お父ちゃん、はりすぎじゃない？」

といっても、聞きません。

「これでいいんだ」

「全部、実行できるわけじゃないのに」

「はっておくと、自然に字が目に入って覚えるんだ」

それほど健康に気づかいをしているのに、水木の医者嫌いは相変わらずで、自分から医者に行くことは、いまだに絶対ありません。七〇歳をすぎてからは、さすがに心配なので、誕生月

に調布市の無料健康診断にだけは行ってもらっていますが、私ひとりでは逃げられてしまうので、当日は、私と娘で水木の両脇をかためて病院まで連れて行くようにしています。ありがたいことに、水木は、血液検査も、血圧も、心電図も、悪いところはほとんどありません。かつて作家の宇野千代さんは「私は死なないような気がする」とおっしゃっていましたが、私も水木が死なないような気がします。

叙勲にはびっくり

平成三（一九九一）年、水木は紫綬褒章を受章しました。私はそれまで、水木がどんな栄誉を受けても、最初の講談社児童漫画賞のときと同じで、「来るべきものが来た」だけだと受け止めていました。境港のブロンズ像のお話をいただいたときでさえそうでした。

しかし、お国から表彰されるなんてことは、思ってもみませんでした。ですから、私はただただびっくりしてしまいました。水木は「くれるというから、もらう」というようなことをいっていましたが、内心はとてもうれしかったんだと思います。その証拠に、天皇陛下にお目にかかるからと、授章式には燕尾服にシルクハットで出席しました。

水木はこのとき授賞式のために燕尾服をつくったのですが、シルクハットもかぶるというので、さすがにびっくりしました。私は、シルクハットが、燕尾服やモーニングコート着用時に用いる、第一正礼装用の紳士帽だということを、そのときはじめて知りました。

「帽子はいらないんじゃない？」

「いや、かぶる」

「目立ちすぎないほうがいいんじゃないの」

「絶対にかぶる！」、

いくら天皇陛下にお会いするからといっても、シルクハットはやりすぎだと思ったのですが、断固水木は譲りません。水木はこうと決めたら絶対に動かない人ですから、こうなってはとりつくしまもありません。ところが、シルクハットを取り扱う店がなかなか見つからず（そんなものを注文する人はほとんどいないということでしょう）、やむなく、燕尾服をつくったお店の取りなしで、展示用のシルクハットを借りてきたのです。手品師みたいになるんじゃないかと、私はとても心配しましたが、案外似合っていたので、ホッとしました。

実は、ちょうどこのとき、敬愛する南方熊楠の伝記マンガ『猫楠』を連載中でした。かつて昭和天皇の南紀巡幸の際、熊楠が天皇の求めに応じて進講したときのスタイルにあやかったものだったのです。本当に子どもみたいな人です。

私は、何を着たらいいのか迷いましたが、結婚するときに実家で用意してくれた、唐織の袋帯に青海波の地紋で渋いピンクの一ツ紋の色無地を着ることにしました。華やかな訪問着を着ている人が多い場で、地味すぎるかもしれないと思いましたが、ふたりで苦労してここまで来たことを、実家の亡くなった両親にも見てほしいと心のどこかで思っていたのです。それには、私の結婚のために両親が用意してくれた着物を着るのがいちばんだと思いました。

その日、御所に入る前、一緒に受章した日本を代表するデザイナー・芦田淳さんご夫妻とともに食事をしました。そのとき、芦田さんが「その着物は、今回、つくられたのですか?」と私に聞きました。

「いえ、結婚するときに、実家で用意してくれたものです」

「素敵ですね。とてもお似合いです」

芦田さんにほめられるなんて思ってもみなかったので、とてもうれしかったです。両親も喜んでくれている感じがしました。

平成一五年の秋の叙勲で、水木は再び、旭日小綬章を受章しました。水木は、「オレも年をとったということだな」といっていましたが、このときもとてもうれしそうでした。

この叙勲の後、水木はときどき天逝された他のマンガ家の話をするようになりました。

「手塚さんも、石ノ森さんも、みんなすごいマンガ家だったけれど、あの人たちは眠らずに仕事をした。オレもあまり眠らなかったけれど、あの人たちはそれ以上だった。だから、早く死んでしまったんだ。人間は眠らなきゃダメなんだ」

たしかに、みなさん無理に無理を続けたために力尽きたのかもしれません。水木は生き残ることができて、その上、二度も叙勲を受けるなんて、本当に名誉なことです。これも「がんばるだけの人生」を見直して、自分を取り戻したからでしょうか。だとすれば改めて水木の「生き抜く力」の強さに感心せざるをえません。と同時に、健康に産み育ててくれた水木の両親にも感謝したいと思いました。

荒俣宏さんあらわる

水木の仕事場へは、いろいろな人が出入りしてきました。数々の連載を担当した編集者、テレビや映画のプロデューサーといった通常の仕事上のおつき合いの方々の中には、その後大成された方が大勢いらっしゃいます。

ですが、紫綬褒章を受章したころから、そういった仕事の枠(わく)を超えて、実にさまざまな世界で活躍している方々が、水木を訪ねてくるようになりました。

その筆頭といえば、荒俣宏(あらまたひろし)さんでしょうか。荒俣さんは日本屈指の博物学者で、小説家、収集家、神秘学者、翻訳家というういくつもの顔を持つ有名な方です。そんな大変な博識の人が、ある日、水木の仕事場を訪ねてきたのです。そして挨拶もそこそこに、水木の前につかつかと歩み寄ると、がばっとひざまずいて、ひとこと。

「弟子にしてください」

といったのです。水木の目がいまにもこぼれ落ちそうなほど、見開かれました。なんのことかわからないという表情でした。私もあまりのことにびっくりしました。あんな有名な人が、なんでまた、水木にそうまでして、そんなことを頼むのだろうと。

「弟子にしてください」

水木は困っていました。

「弟子ってあんた、いったい、なんの弟子?」

「水木先生の弟子です!」

「はぁ。まぁ。顔をあげて」

それが最初の出会いでした。それから水木と荒俣さんは仲良くなり、一緒にイタリアやカナダ、バリ、ニューギニア、ジャマイカなどに、何度も妖怪冒険旅行に行くようになりました。

後に荒俣さんが聞き手となって、水木が話す姿を収録したDVD「水木サン大全」も生まれました。博学多才な荒俣さんですが、えらぶるところはまったくありません。だからでしょうか、水木は荒俣さんと会うととても楽しそうでした。また、荒俣さんはお酒が苦手で異常なほどの甘いもの好きであることも、水木は気に入ったようです。一滴もお酒の飲めない自分と、似ていると思ったのでしょうか。荒俣さんがいらっしゃるときに、私は手づくりのおはぎをたくさんつくってお待ちしていたことなどもありました。

とくに『妖怪画談』が出版されたころから、水木はマンガ家としてだけでなく、「妖怪研究者」として、いろいろな文化人から交流を求められるようになりました。荒俣さんを筆頭に、小説家の京極夏彦さん、ノンフィクション作家の足立倫行さんなど、それまでおつきあいのなかったような、幅広いジャンルの文化人とも深い交流を持つことで「世界」がひろがりました。水木はもちろん、側で見ているだけの私も、とてもいい刺激を受けています。

娘への愛情

水木は、娘たちをずっと手元におきたがっていました。

あれは長女・尚子の二六歳の誕生日の日でした。水木が、

「で、いったい尚子はいくつになったんだ？」

と聞きました。尚子が、

「もう二六歳になっちゃったよ」

と答えると、水木は、

「もう、そんな年か……」

そうつぶやいて、私に向かって真顔でこう命じました。

「尚子の結婚をなんとかしろ！」

「そんなこと急にいったって」

「長男はダメだ。次男か三男がいい」

「いまどき、養子に来てくれる人なんて、なかなか見つかりませんよ」

「男をとってしまうんだ、こっちに。とにかく結婚させろ」

男をとってしまうという言葉に唖然としていた私と尚子を尻目に、水木は決意したかのように叫びました。

「尚子、今年は結婚に向かってばく進だ！」

それを聞いた私と尚子は、顔を見合わせて、大笑いしてしまいました。すると、水木がムッとした顔でつぶやきました。

「何がおかしい。尚子はどこへもやらん」

水木がそういう気持ちでいることは、私たちにはよくわかっていました。元来水木は、家族への愛情が非常に強く、家族全員が自分の目の届くところにいて、自分が面倒を見るという関係でいたい人間なのです。自身が食うに困るほど貧乏なときでさえ、両親はもちろん兄弟の家族の心配までしてきた人ですから。

長女の尚子は、大学卒業後、小学校の先生をしていました。尚子が東京都の教員採用試験を受けたとき、教職は非常に狭き門でした。水木はまさか合格するなんて思っていなかったようです。不合格のほうがいい。不合格なら、ずっと家の仕事を手伝って、自分のそばにいてくれるのではないかと思っていたのでしょう。

ところが合格ということになり、あわてにあわてました。

「受かったのか。困ったなー」と露骨に水木はいいました。とてもお祝いをする雰囲気ではありません。尚子は合格が決まった日、自分で買ってきたケーキをひとりで食べて祝っていました。水木は、不合格なら、すぐに水木プロで働かせるつもりでいたのです。

水木があわてたのはそれだけの理由ではありません。新規採用された教員は東京都の場合、離島か奥多摩(おくたま)に派遣されるという話だったからです。結婚前に、娘がうちを離れるなんて、水木にとっては青天(せいてん)の霹靂(へきれき)でした。

しかし、幸いにも自宅から通える距離の学校に採用されることになり、水木はもちろん、私も正直、ホッとしました。

それはともかく、水木が尚子を「結婚をさせろ、しかも養子をとれ」というのですから、私も知り合いに頼んだりもしたのですが、なかなか親が思うようにはなりませんでした。

「澄子さんがいてくれたら、いまごろ、きまっていたかもしれないねぇ」

「病気が治ったら、尚子の相手を見つけるって張り切っていたからな」

兄嫁の澄子さんは顔が広くて社交的であり、尚子の結婚のことを気にしてくれていました。

でも尚子は教師の仕事を続けていたある日、結婚したい人がいると、私に打ち明けてくれました。そのときの驚きとうれしさといったら……。

相手がどんな人なのか、尚子に聞きながら、いつしか、私の目からほろほろと涙がこぼれました。めったに泣かない私が、うれしさのあまり泣いてしまったのです。自分でこの人ならと思える相手をちゃんと見つけてきたなんて、尚子もたいしたものだと思いました。

水木が望んだ養子というかたちではありませんでしたが、結婚後も、わが家の近くに住んでくれ、男の子にも恵まれました。その子が、水木の小さいころとよく似ているのです。

「お父ちゃんと笑い顔なんか、そっくりだね」

「そんなに似ているかね」

「目元なんか、お父ちゃんの小さいころの写真と同じだよ」

「そうかなぁ」

素直にうんといわないところが、水木らしいところですが、似ているというたびに、顔には笑顔があふれて、それこそ、子どものような表情になります。

尚子はその後、教師をやめ、いまでは、水木プロを手伝ってくれています。ありがたいことに、結局は、水木が望んだようになりました。

「水木しげるロード」誕生

さまざまな紆余曲折を経て、境港の駅前に水木の妖怪像を設置する話は進んでいました。ブロンズ像をつくったのは、島根県の松江にあるオダチ工房という会社です。完成まで何度も、水木と私でその工房を訪ねました。

「これは、ちょっとちがうね」

水木は遠慮なく、修正を求めました。どこがちがうかというのを、口で説明するのが難しいので、その場で紙にさらさらと「これが横から見たところ。これが後ろから、これが斜めから」と描いて指示をしました。

境港に並ぶのが、子どもだましのようなチャチな人形ではなく、本格的なブロンズ像ができると、水木は興奮していました。

「オレはね、成人した青年が読んでも読みごたえのあるものをと思って、はじめから描いてい

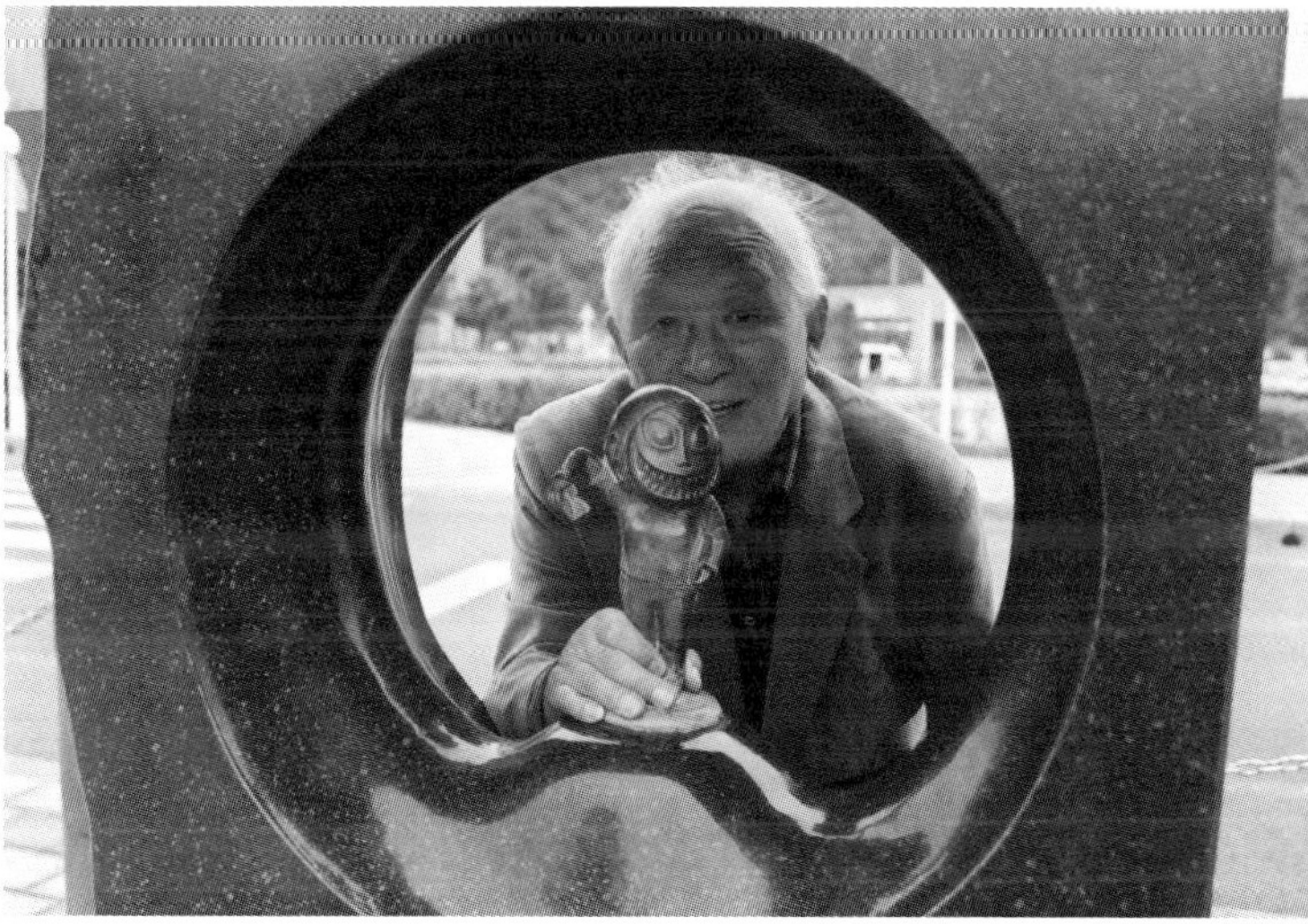

境港の水木しげるロードで妖怪ブロンズ像とともに写真に収まる水木。

る。鬼太郎だって、子どものために描いているんじゃない」

というのが水木の口グセでしたので、見ごたえのあるブロンズ像をつくってもらえるのが本当にうれしかったのでしょう。

平成四（一九九二）年に六体のブロンズ像が完成し、駅前通の松ヶ枝町に設置されました。平成五（一九九三）年にはさらに一七体が完成しました。そしてその年の七月一八日、完成式と除幕式が行われました。水木も私も、その式には参加しました。その通りが「水木しげるロード」と命名されたのもそのときでした。

地元の盛り上がりは、胸が熱くなるほどでした。なんと「鬼太郎音頭」という歌までつくって、町の女性の方たちがそろいの浴衣で踊りのお披露目までして下さったのです。

水木は口に出さないけれど、とても喜んでいることが、私にはわかりました。

そのわずか三日後、妖怪ブロンズが二体、さらに八月と九月には各一体ずつ盗まれてしまったのですが、禍福はあざなえる縄の如しということわざどおり、これが全国にニュースとして流れると、水木しげるロードの様相は一転しました。近所の人だけでなく、全国からたくさんの妖怪ファンや水木ファンが訪れるようになったのです。

延べ八〇体が完成した平成八（一九九六）年八月には、第一期水木しげるロード完成式が行われ、それにあわせ、水木とファンの会も開かれました。さらに翌日には「世界妖怪会議」も、

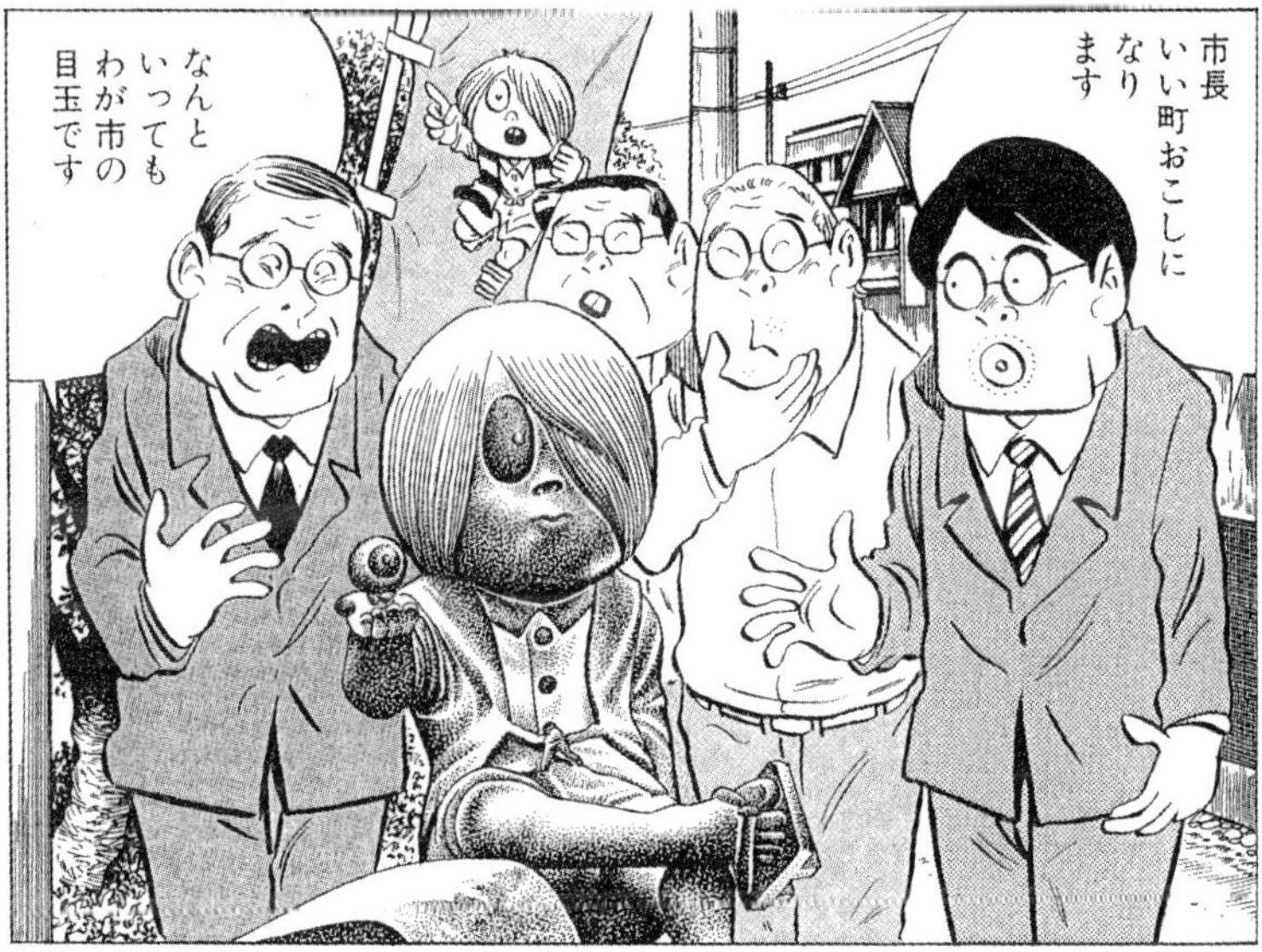

水木しげる作『ボクの一生はゲゲゲの楽園だ』(講談社刊)より。

境港で開催されました。そして、平成一五（二〇〇三）年三月八日、水木の誕生日に、水木しげるロードの沿いに、「水木しげる記念館」がオープンしました。

さらに平成一六（二〇〇四）年からは、ブロンズ像のスポンサーを一体一〇〇万円で全国に公募をよびかけたところ、たくさんの方が賛同して応募してくださり、いまや一二〇体にまで増えました。そして、地元の人たちの努力のおかげで、平成一九（二〇〇七）年には一〇〇万人以上もの人がこの町を訪ねてくれたそうです。

結婚したときと同じ境水道の眺め

そうした折々に境港に戻るようになって、境港の家にしばらく滞在したり、安来の実家を訪ねたりするようになって、私たちふたりは改めて山陰の人間だったのだという思いを深くしました。東京の調布にどっしり根をおろしたつもりでも、山陰の風に吹かれ、風景を見ると、どこかホッとして表情も柔らかくなり、体の力もまたすーっと抜けていくような気がします。

境港の町の人たちとの交流もはじまり、いまでは私も鬼太郎茶屋の荒木千重子さんとは親戚のようなおつきあいをさせてもらっています。荒木さんは、「鬼太郎音頭」を作詞してくださった方で、「水木しげるロードのおかあさん」ともいうべき存在です。ロードで何かイベント

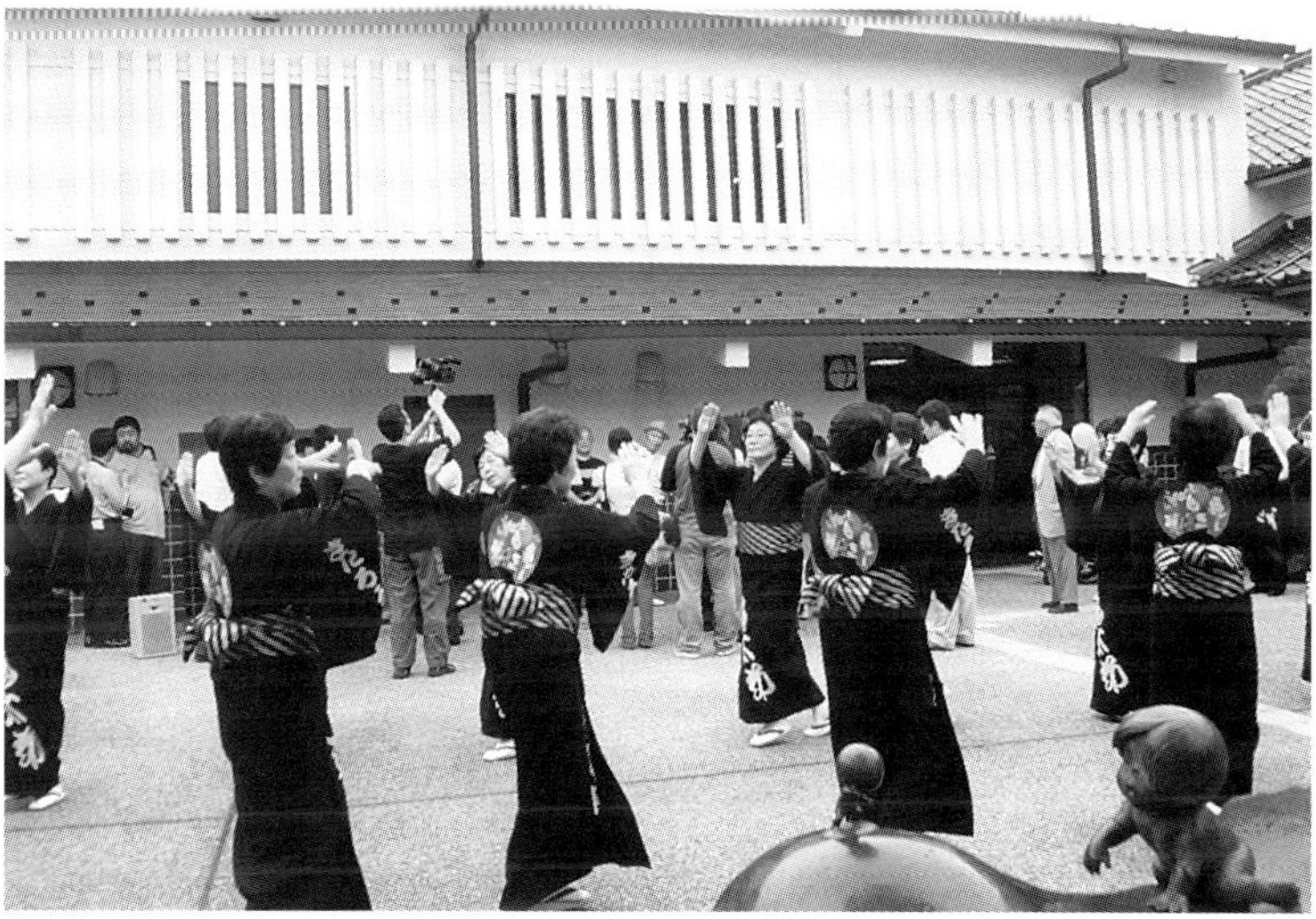

境港の水木しげる記念館前で踊る「鬼太郎音頭保存会」の人々。

があるときにあわせて、私たちは境港に帰ることが多いのですが、そんなとき、「鬼太郎音頭」を踊って下さる荒木さんたちの輪の中に私も入れてもらうこともあります。私もみんなと揃いの浴衣を着て、見よう見まねで一緒に踊るのです。町のためにひと肌もふた肌も脱いでがんばって下さっている人たちを、私はワキでなにもせずにじっと見ていることができなくて、あるとき思わず「私も踊らせてもらってよいですか?」とお願いして、仲間にしていただきました。

水木は、古くなった実家を、間取りを同じにして新しく建て直し、境港に帰るときにはいつもその家でゆっくり過ごすようになりました。家のすぐ脇に、「水木しげるロード」関係の著作権などを管理する水木プロダクション中国支部のための小さな建物も建てました。

水木は、その二階に大きな窓を特別につくりました。というのも、そこからの境水道(さかいすいどう)の眺めがお気に入りだからです。ソファに座り、ただただ窓の外を眺めるのです。境水道を隔てて島根半島が見えます。手前の境水道をいろんな船が行き過ぎます。

かつては岸壁にたくさん漁船がつながれていましたが、港が移動したためになくなりました。でも、それ以外は、結婚の日に私が見た風景と不思議なくらい変わっていません。

「ええなあ、ここから見る境の景色がいちばんだ」

ときどき、自分にいい聞かせるような水木の静かなつぶやきを聞きながら、私も幸せな気持ちになります。ふたりで苦労してきた年月は、いま、この風景をともに見るためにあったので

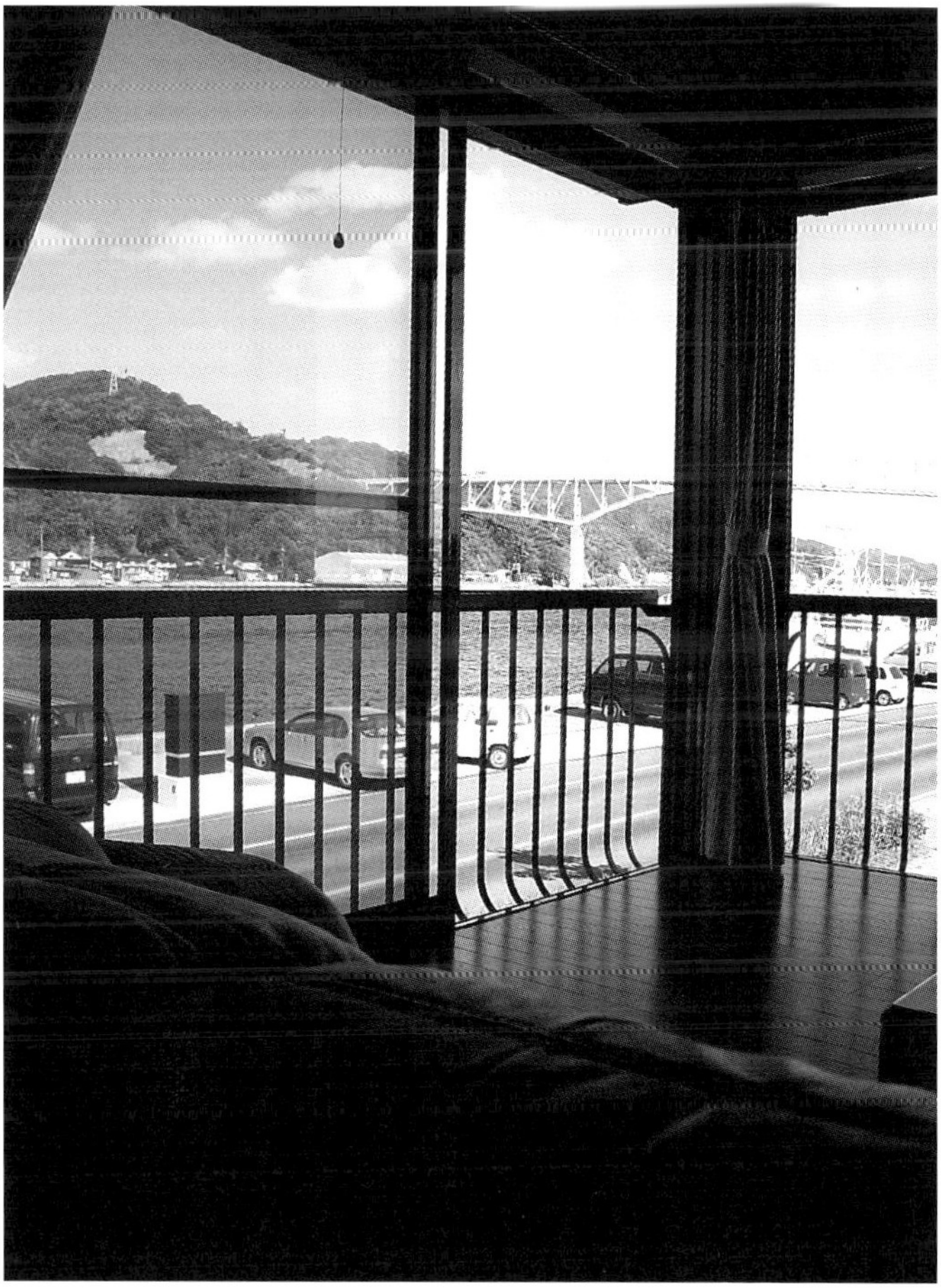

境港市の水木しげるの自宅からの境水道の眺め。（撮影：五十嵐佳子）

はないかと思うほどです。

幸せの流れ

近年、水木は「なまけ者になりなさい」「がんばるなかれ」「のんきに暮らしなさい」「人間はどうしたら幸福になれるか」といったテーマの著書も増え、水木の人生と人生観が注目されるようになってきました。

というようになり、そういう言葉を書いてくれという依頼が増えました。「人間はどうしたら幸福になれるか」といったインタビューもよく受けるようになりました。また「幸福論」「名言集」といったテーマの著書も増え、水木の人生と人生観が注目されるようになってきました。

平成二〇（二〇〇八）年を迎えて、水木は八六歳、私は七六歳になりました。

思ってもみなかった紫綬褒章や旭日小綬章といった勲章を、水木はいただくことができました。「大水木しげる展」という大きな展覧会も全国各地で開いてもらいました。いまや境港の「水木しげるロード」には、土休日にはあふれるほどの人が押し寄せるようになったそうです。

でも、あいかわらず、私たちは質素に暮らしています。数年前、知り合いの人の紹介で宝石屋さんがやってきて、私が持っているものを見せてくれというので、仕方がなく見せたら、あまりの少なさにまず驚いて、それからイミテーションがほとんどだということに、またまた驚いていました。ちょっと恥ずかしかったですが、高価な宝石は私には似合わないと思うし、興味もないのですから、たくさんあっても仕方がありません。宝石など、親戚の結婚式とか、滅多にないパーティーのときぐらいにしかつけませんから、ほんの少しあればいいと思っています。

水木は以前、食べるものに、あまり頓着しなかったのですが、最近ではおいしいものを食べたがるようになりました。といって、懐石料理などにはあいかわらず全然見向きもしません。先日も仕事で京都に行って、懐石料理を出されたのですが、申し訳ないことにあまり喜んではいませんでした。義父は食道楽で、モダンでぜいたくなものが好きでしたが、水木は貧乏が長かったせいか、一品ずつ間をおいて出されるより、たっぷり一度に出されるのがうれしいらしいのです。

大好物はあいかわらず、牛ヒレのステーキ、素麺、いちご大福ですが、ときどき、「おまえが大塚で食べたようなものをつくれ」とリクエストも出します。煮物、焼き魚、けんちん汁……なんでもないものが、いちばん食べ慣れていて、口に合うのかもしれません。いわし団子は、中でも気に入っています。イワシの頭を外し指先で開いてわたと背骨を取り、すり鉢（またはフードプロセッサー）ですり身にし、これに卵、味噌、みりん、小麦粉をまぜてこね、さらにささがきにしたゴボウとネギのみじん切りを加え、平たくまるめた団子にして茹であげる、イワシの風味たっぷりの料理です。

私はいまでも千円札を見ると、「これで何日、食べられるかな」とふと思ってしまいます。ときどき、金欠料理と称して、冷蔵庫のあまりものを使っておかずをつくります。一〇〇円ショップも大好きです。

額に汗して、一生懸命、水木が稼いだお金だから、一円たりとも無駄にしたくないという気持ちは変わりません。貧乏をしたからというだけでなく、もともと貧乏性なのだろうと思います。

水木プロダクションはいま、調布の駅前のマンションに引っ越し、わが家から歩いて二〇分ほどかかりますが、水木は毎日、歩いて往復しています。私はひざが痛いので、歩きではなく自転車です。娘たちはそろそろタクシーを使ったらといってくれるのですが、もったいなくて、歩けるうちは歩きや自転車でがんばるつもりです。

水木プロダクションは長女の尚子と次女の悦子が助けてくれています。尚子が就職したとき、水木は「悦子は絶対に手放さん！」といったとおり、次女の悦子はずっと水木プロで働いているのです。義弟の幸夫さんはいまもマネージャーをやってくれていますし、義兄も、毎日三時になると水木プロにお茶を飲みにやってきます。そして境港の水木プロダクションで働いているのは、義兄の娘夫婦。

そして水木はあいかわらず、一族の柱として、みんなのために働いてくれています。

私がいま、何よりうれしく思うのは、ふたりの娘が本当に水木に優しいことです。とても水木を大事にして、あれこれ機嫌よく過ごせるようにと気づかってくれています。孝行をつくしてくれる娘ふたりに恵まれて、水木は本当に幸せではないでしょうか。私も、そんな水木と娘たちの姿を見ると、安らかな気持ちでいられます。

このごろ水木は、インタビューで、こんなことをいうようになりました。

「もう、水木サンを幸せにする流れができてしまっているんですわ。水木サンの幸せは、人の幸せを超越しているんですわ」

穏やかな表情で、飄々といってのける水木を見ていると、私もいろいろあったけれど、いまがいちばん幸せだなぁと、実感しています。

生まれてきたから生きている

私は運命論者なのかもしれません。

縁があって水木しげるという貸本マンガ家と結婚し、描いても描いても売れない時代が続きました。みじめな思いもしたし、財布の中にお金が一銭もなくてハラハラしたこともありました。そして、水木が一転、売れっ子のマンガ家になって経済的に恵まれるようになっても、すべてにおいて順風満帆というわけではありませんでした。

結局、そのたびに水木は自分の意志と生きる力を奮い起こし、多くの良縁にも恵まれて、見事に乗り越えてきました。

一方、私自身には、いつも「なるようにしかならない」と思う自分がいたから、何とかやってこられたのではないかと、思います。

貧乏時代にはボロをまとっていても、「水木が一生懸命、できる限りのことをやってこうなのだから、仕方がない」と思っていました。寂しいときでも、「いつまでもこのままではないだろう」と思って、やりすごしてきました。

たぶん私は心のどこかで、常に安心していたのではないかと思います。水木には大きな船のような包容力と、安心感があるからです。

ふだんはおもしろおかしくやっていても、水木は揺るがない信念を持った人です。私を餓え死にさせたり、家族をバラバラにしたりすることは絶対にないと信じていました。

そして、努力しても苦しい状況が続くなら、あとは待つしかない。いつかよくなる日が来ると信じ続けてきました
大変な状況は数限りなくあったのに、私はこれを何とかしようとか、新しいことをやって道を切り開こうなどと、自ら行動することはしませんでした。外で働いたこともないし、手に職

もないので、どんな苦しいときでも、ひたすら水木について生きるしかないと、思っていたからです。

でも、私にもっと力があったらと悩んだことがまったくなかったわけではありません。

「ダメだったら、ポスター描きにでもなるか」

「目に見えるものしか、いまの人は信じない。俺のやってきたことはムダだったのか」

水木がそこまで落ち込んだとき。その二回とも、私は励ますどころか、かける言葉をさがすことさえできませんでした。

なぜ私は、上手に水木を励ましたりできないんだろう。どうして私はこんなに不器用な人間なんだろう。気の利いた言葉ひとつ見つけることができないんだろう。

それが残念でなりませんでした。

でも、水木は家内の私だけでなく、誰の言葉にも左右されません。いつだって、どんなことだって、自分の思ったことを自分のやりたいようにやる人間です。たとえ、気の利いた言葉で上手に水木を励ましたところで、それが通用したとも思えません。そして、もしかしたら、私もまた、水木と同様、自分を変えることができない人間なのかもしれません。

水木は以前、雑誌の編集者に「奥さんはどういう人ですか？」と聞かれて、

「『生まれてきたから生きている』というような人間です」

と答えたそうです。それを聞いたときに、思わず笑ってしまいました。自分でもそのとおりだと思ったからです。

内助の功という言葉がありますが、わが家の場合、水木の成功は、ひたすら水木自身の努力のたまものです。「黙ってオレについてくればいい」という水木に、ただただついてきたのが私の人生でした。

私たちのような夫唱婦随の夫婦は、いまでは珍しくなってしまいました。考えてみれば、私の安来の母がそうでした。私は性格も母と似ていますし、母のような生き方がいいなぁと、幼いころから思っていたような気もします。

「私じゃない人と結婚してたら、どうだったのかなぁ」

以前、富士山の小屋に行ったときに、水木に聞いたことがありました。水木は小首をかしげた後に、空を見上げ、ポツリといいました。

「よかったんじゃないか、おまえで。いつもぼんやりしていて」

「ぼんやり？　私、ぼんやりしてる？」

「とんでもなく、ぼんやりだ」

「そうかなぁ」

「ああ。横を見ると、いつもおまえがぼんやりと立ってたな」

そういって、にやりと笑うと、右手で私の背中をバシッと叩きました。
ほめられたのか、けなされたのかわかりませんが、とにかく、水木によかったといってもらえたので、きっと相性は悪くなかったんだろうと思います。

終わりよければすべてよし

八〇歳をすぎてから、水木はときどき、「安来節(やすぎぶし)を歌ってくれ!」と私にいうようになりました。私の故郷の大塚(おおつか)ではもちろんですが、境港でも何かあると口をついて出る歌のひとつが「安来節」だったというのです。そのせいか、水木は、安来節を聞くと境港で育った子供のころを思い出すといっていました。

アラエッサッサー、
安来千軒名の出たところ　社日桜に十神山
出雲旅路で安来のまちは　忘れられない唄どころ
何はなくとも出雲へござりゃ　心尽くしの安来節
出雲名物荷物にならぬ　聞いてお帰れ安来節

そこで私が口ずさむと、しきりに懐かしい懐かしいというので、この間、隠岐と境港を訪ねた帰り、私の故郷・安来にも寄りました。まず、訪ねたのが、日本庭園と近代日本画で知られる「足立美術館」でした。

ここには横山大観をはじめとする近代日本画と、陶芸、彫刻、蒔絵、童画などがたくさんコレクションされ、さらに出雲の自然を借景に、四季折々の表情を醸し出す五万坪の日本庭園が楽しめます。アメリカの庭園専門誌「ジャーナル・オブ・ジャパニーズ・ガーデニング」（JOJG）が五年連続で、足立美術館の庭園を「庭園日本一」に選んでいるほど、美しい庭園です。

私は、この美術館が大好きで、安来に帰ると、よく立ち寄っています。春夏秋冬、四季折々美しい姿を見せてくれる上、創設者の足立全康さんは、私の父の若いころからの友人というご縁もあり、なんとなく自分とつながっている感じがするからかもしれません。今回、水木は長いこと、横山大観の富士山の絵を見つめていました。

その後に、安来節演芸館をふたりで訪ねました。車をおりたとたん、太鼓のトントンという音が私たちをふんわりと包みました。やぐらの上で、太鼓を叩いていたのです。

その軽やかな音、リズム……とたんに私の胸は懐かしさではちきれんばかりになりました。

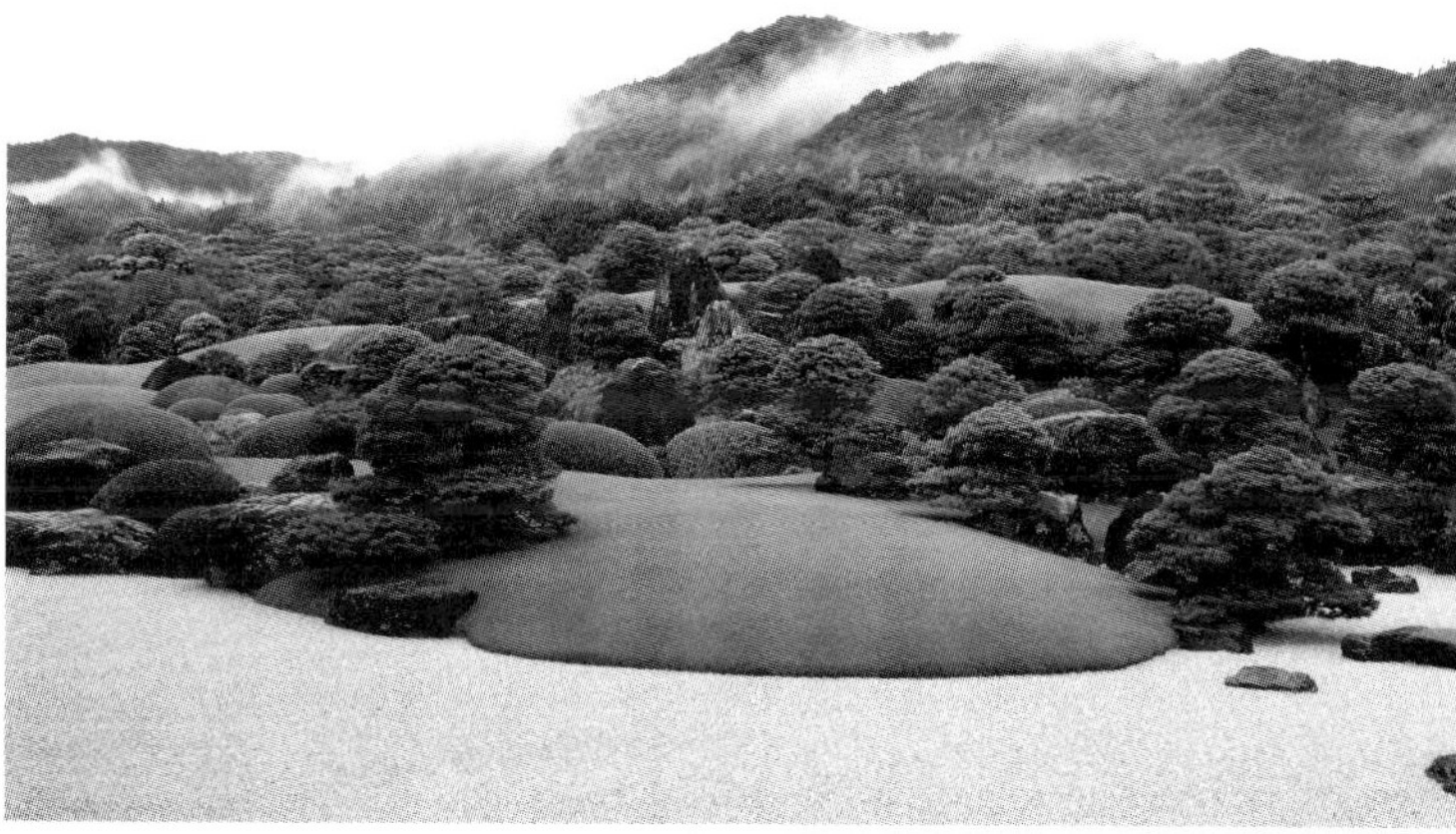

安来市の「足立美術館」が世界に誇る日本庭園。水木夫妻もお気に入り。
（写真提供：足立美術館）

たぶん、水木もそうだったと思います。

切符を買い、ふたり並んで、安来節に耳を澄ませました。歌にあわせ、水木は右手をひざにうちつけて、リズムをとりました。

出雲名物　荷物にならぬ
聞いてお帰り　安来節
高い山から　谷底見れば
乙女姿の　どじょうすくい
出雲八重垣　鏡の池に
うつすふたりの　晴れ姿

仕事をしてもお金にならず、質屋に着物をいれてようやくミルク代を捻出した貧乏時代、眠るまもなく夜中まで仕事をし続けた猛烈時代、体のことを考えて仕事を減らした時代、スランプ、そしてまた復活して、冒険旅行や家族旅行にも出かけるようになって……。

安来節を聞きながら、ふたりで歩んできた日々がゆっくりと思い出されました。辛かったこと、楽しかったこと、悲しかったこと、うれしかったこと、さまざまなことが脳裏に浮かんで

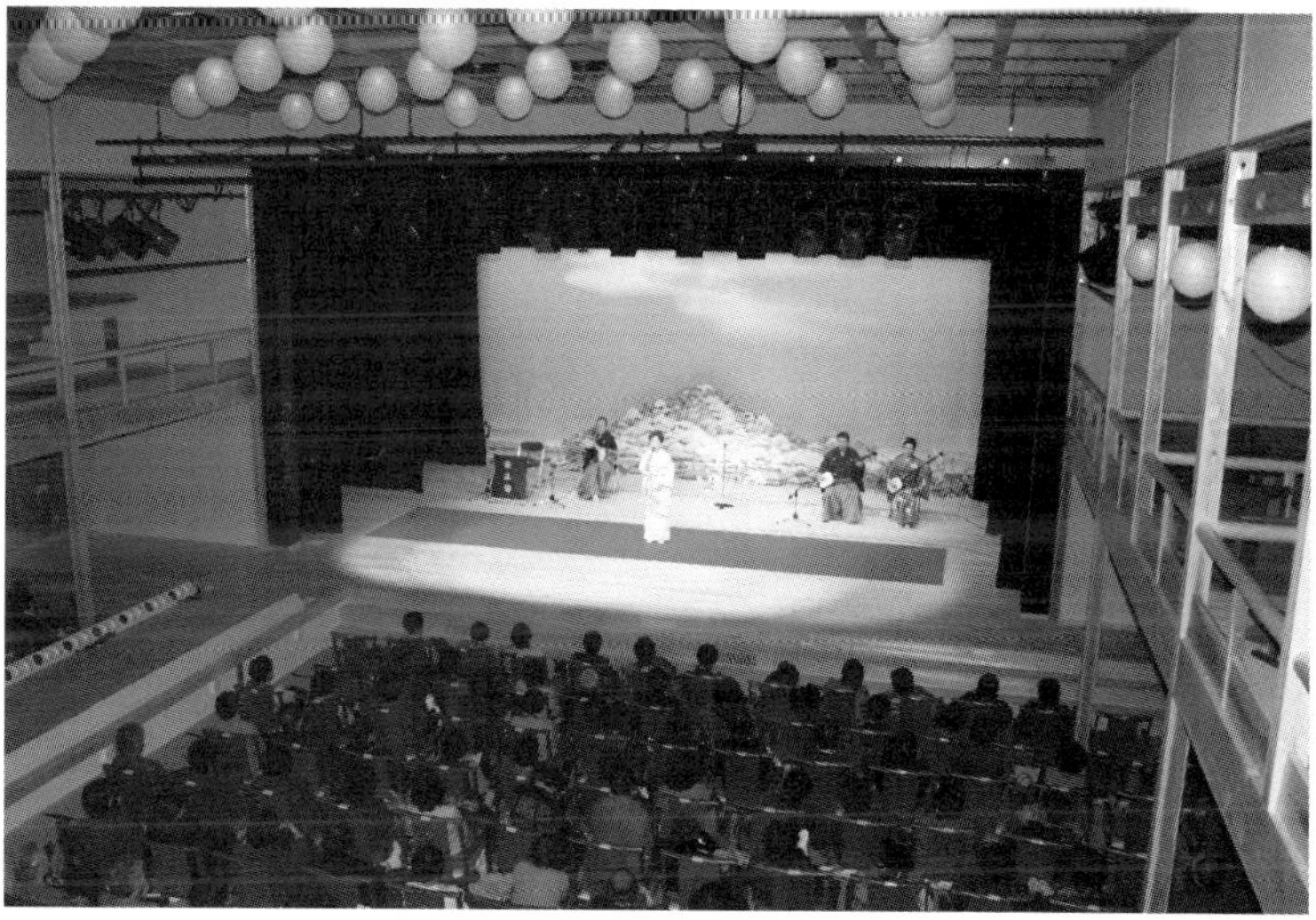

「安来節演芸館」での公演。平成19(2007)年11月、水木夫妻はここを訪れた。
(写真提供:安来市観光協会)

きました。

いちばん懐かしく思いだされるのは、貧乏時代のことでした。ふりかえると、いちばん辛かったはずのあのころがいちばん懐かしいのです。

あの大変な日々の先に、ふたり揃ってこんなに穏やかな気持ちで安来節を聞く日が訪れるなんて、本当に夢みたいだと思いました。

安来節演芸館を出ると、西の空に真っ赤な太陽がありました。

私たちが乗った車は、境港の家を目指して、中海(なかうみ)の上に浮かぶ、その夕日を左に見ながら走っていきました。赤くきらきらと光る大きな太陽が中海に赤い一筋の道をつくり、ゆっくりゆっくり島根半島の後ろに没していきます。

その夕日を見つめながら、私は自分でも気がつかないうちにつぶやいていてしまいました。

「終わりよければすべてよし!」

水木は驚いたような顔をして、私を見つめ、それから急に大きな声でからからと笑い出しました。

「おまえ、たまにはいいことというな」

「たまに、ですか?」

「もう一度、いってみろ」

「終わりよければすべてよし。……でもお父ちゃん、終わりはまだまだよ。あの子が成人するまで、長生きしないと」

あの子とは、長女・尚子の息子で私たちのたったひとりの孫のことです。

「一〇〇まで生きればいいのか。それはできるだろう」

「いえ、もっと。あの子が結婚して、子どもをもうけるまで」

「そりゃ、大変だな」

「でも、お父ちゃんならできますよ」

「できるか?」

「できる。お父ちゃんだもん」

水木がまた笑って、私のひざをポンと叩きました。

不意に、夕日の光がゆがみました。私の目に涙があふれてしまったからです。水木はそんな私を見て、またひざをポンと叩き、笑ってみせました。その頬が、夕焼けの赤にまあるく染まっていました。

あとがきにかえて

私に「自伝を書かないか」というお話をいただいたのは、平成一九（二〇〇七）年の夏のことでした。

当初は、

「私には水木のように長い文章を書いた経験などまったくないし、ましてや私の人生が一冊の本になるなんてとんでもない。水木とちがって、私は他人様に自慢できるようなところの何もない平凡な人間ですから、とても恥ずかしくて、お受けできない……」

と思ったのです。

ところが、実業之日本社の鈴木宏昌さんが、と声をかけたときに、何気なく『人生は、終わりよければ、すべてよしですよ』といわれたことが強く印象に残った。ぜひ執筆してほしい」

「奥さんの人生も大変な人生でしたね、と、あまりに熱心にすすめて下さるので、お引き受けしてしまいました。

生まれ育った安来での日々から、少しずつ記憶を掘り起こしていくうちに、あることに気づきました。

水木は強烈な個性を持った人で、独自の生き様を貫いてきましたが、それとはまったく対照的に、私は古い日本の女性の生き方を、そのままとおしてきたように思います。

現代の女性には理解できないかもしれませんね。「すべてを受け入れる」だけの人生でした。あの洗うがごとき赤貧の日々も、たしかに辛かったけれど、私は不幸ではありませんでした。もちろん、惨めだったこと、寂しかったこと、いまも納得できない理不尽なことが、数え上げればキリがないほどにあります。でも、「終わりよければ、すべてよし」なのです。

なんだかいまは、「家庭環境」、「結婚」、「就職」など、人生の入り口でどれだけ幸運をつかむかで、その後のすべてが決まってしまうかのように思い込んでしまう人が多いと聞きます。

人生の入り口での状態は、といえば、水木も私も、お世辞にも、幸運だったとはいえないでしょう。でも、「いろいろなことがあったけれど、幸せだ」と素直にいえるのは、「水木が自分自身を信じ続け、私も水木を信じ続けてきた」からだと思います。自分が選んだ道をひたむきに生きていれば、「来たるべきときが必ず来る」とふたりとも信じていたのです。

なぜ、水木と結婚したのかと聞かれれば、いろいろと理由はあるけれど、つまるところ「私には水木と結婚する以外に道がないと思ったから」というのが本当のところです。恋愛に価値があると思っておられる方々には、これ以上の不運はないと思われるかもしれません。

でも、私の実感では、最初に燃え上がった恋愛感情だけで、その後の人生すべてが幸福になるとは、とても思えません。伴侶（はんりょ）とともに歩んでいく過程で、お互いが「信頼関係」を築いていけるかどうかにこそ、すべてかかっていると思うのです。私は、どんなに苦しいときでも、水木と別れたいとは思いませんでした。

どんな生き方を選んだとしても、最初から最後まで順風満帆（じゅんぷうまんぱん）の人生なんてあり得ないのではないでしょうか。人生は入り口で決まるのではなく、選んだ道で「どう生きていくか」なんだろうと、私は思います。

縁あって半世紀近くも連れ添（そ）った水木は、私の目から見ても、たしかに変わっています。水木の作品はもちろん、言動もユニークなものでした。それらすべてを理解し共感したわけではありませんが、そういう男性と連れ添ったために、普通では味わえないような、喜びも悲しみも、誇らしさも口惜しさも経験することになりました。いま、晩年を迎えて、そうした数々の思い出すべてに、私は感謝しています。

いま、この歳になって、元気な伴侶と、親思いの娘たち、そして水木の幼いころによく似た孫に囲まれて、平凡な人間としての穏やかな時間をすごさせてもらっています。これ以上の幸せってあるのでしょうか。

このお話をお引き受けしてから、娘たちは何くれとなく励まし協力してくれました。また、安来の実家の家族たちも、私の記憶を掘り起こすために骨を折ってくれました。見合いをしてから結婚まで、本当はたった五日しかなかったということは、今回の最大の発見のひとつです。

加えて、ライターの五十嵐佳子さんに、執筆にあたっていろいろとアドバイスをいただきました。実は五十嵐さんは、実業之日本社刊の『こんなに楽しい！　妖怪の町』という境港の町おこしを紹介した本の著者で、その取材の折に、水木とともにお目にかかったのがご縁でした。

その他、安来市観光協会、境港（さかいみなと）市のみなさんはじめ、多くの方々に編集作業の段階で、いろいろとお力添えをいただいたとのこと。本書に関わったすべての方々に、この場を借りて心から御礼を申し上げます。

そして、縁あってこの本を手にしたすべての方が、それぞれに選んだ道で「終わりよければ、すべてよし」といえる人生を送られますよう、心から願い祈っています。

武良布枝

平成二〇年二月吉日

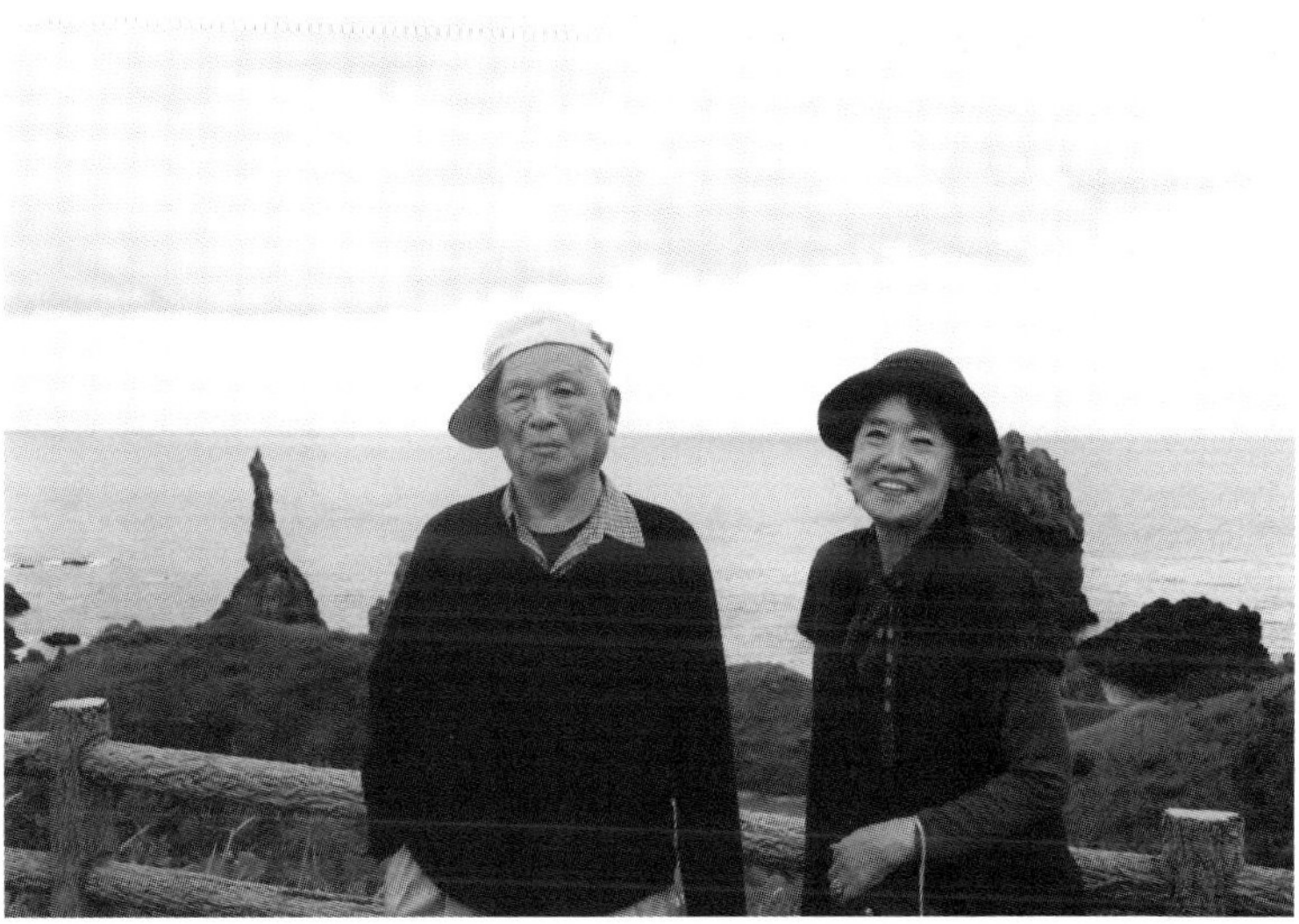

平成19年(2007)年11月、隠岐にて。

武良布枝（むら　ぬのえ）

昭和七（一九三二）年、島根県安来市大塚町生まれ。昭和三六（一九六一）年に水木しげる（本名：武良茂）と結婚。以来、半世紀近く、マンガ家・妖怪研究者として活躍する水木しげるを支え続けている。二女と孫ひとりに恵まれている。

編集協力／五十嵐佳子

フリーランスライター。女性誌の取材記事執筆のほか、ルポルタージュや小説などを発表。『こんなに楽しい！　妖怪の町』（実業之日本社）など著書多数。

ゲゲゲの女房

二〇〇八年三月一一日　初版第一刷発行
二〇〇八年五月二〇日　初版第三刷発行

著者　武良布枝

発行者　増田義和
発行所　株式会社　実業之日本社
〒一〇四−八二三三　東京都中央区銀座一−三−九
電話（編集）〇三−三五三五−二三九三
（販売）〇三−三五三五−四四四一
振替〇〇一一〇−六−三二六
実業之日本社のホームページ　http://www.j-n.co.jp/
印刷所　大日本印刷株式会社
製本所　株式会社ブックアート
実業之日本社のプライバシーポリシーは上記のサイトをご覧下さい。
定価はカバーに表示してあります。
落丁・乱丁の場合はお取り替えします。

ISBN978-4-408-10727-1
（学芸）